これだけは
身に
つけよう！

社会科
の基礎・活用

私立小学校社会科研究会　著

東洋館出版社

はじめに

　『これだけは身につけよう！　社会科の基礎・活用』は、日本各地の私立小学校の先生方が、お互いに学び協力してつくりました。3年生から6年生の社会科の基礎・活用で、ぜひこのことは身につけてほしいことを書いたものです。

　2020年度から小学校での学びが変わります。「実際の社会や生活で生きて働く知識及び技能」「未知の状況にも対応できる思考力、判断力、表現力など」「学んだことを人生や社会に生かそうとする学びに向かう力、人間性など」の3つの力をバランスよく育むことになります。

　社会科では、地図の読み方、地域社会でのくらし、都道府県の伝統・文化・特色、防災、日本の国土・産業・情報・環境・政治・歴史、世界のくらしや国際協力などの内容を学びます。これらの学習を通して、知識や技能を身につけ、考え、判断、表現する力を育てるとともに、学びに向かう力、人間性を高めることを目指します。

　わたしたち私立小学校社会科研究会では、2006年に『これだけは身につけよう！　社会科の基礎知識』を出版しました（その後、2回改訂版を出版）。そのきっかけは、次のページにある『朝日新聞』2005年2月23日朝刊の「大学生イラクどこ？4割が不正解」の記事でした。イラクの位置がわからない大学生が約44%（100人のうち44人）高校生が約46%（100人のうち46人）、アメリカ合衆国の位置がわからない大学生が約3%（100人のうち3人）、高校生が約7%（100人のうち7人）いることがわかりました。それ以前に、小学校で習う分数の計算ができない大学生がいることが話題になりましたが、社会に関することでも基礎的な知識がない高校生、大学生がいたのです。このようなことでは、現実に起こっているような時事問題について考え、判断し、関心を持つことなどできず、社会科で学んだことと現実の社会で起こっていることを結びつけることはできません。国際社会の問題に目を向けることはさらに難しいでしょう。

　わたしたちは、2007年にも『ここまでできるよ！　社会科の発展学習』を出版しました。それは基礎を身につけ発展的な学習につなげるよう考えたものです。今回の出版は、その2つの本を合わせたものです。基礎を身につけることに重点がおかれたものですが、この本で身につけた社会的な知識や理解は、その後の学習をより充実させるとともに、現実の社会で起こっていることとに結びつけることを作成者として願っています。

　この本で家族が一緒に学びあうような試みが行われれば、家族のコミュニケーションに役立つかもしれません。いろいろな学び方を学校や家庭で工夫していただければ幸いです。

1

大学生 イラクどこ？4割が不正解

北朝鮮やイラクはどこにある？　最近、メディアに何度も登場した国の位置をきくと、北朝鮮の場合は大学生の1割、高校生の4分の1が、イラクの場合は4割台の大学・高校生が、いずれも正しく答えられなかった。日本地理学会が22日発表した全国調査の結果でわかった。北朝鮮を韓国と取り違えるなど国際感覚の基本が身についていないと同学会はみている。高校で地理を選択しなかった人の正答率が特に低かったという。

（大島大輔）

北朝鮮は1割知らず

日本地理学会の全国調査

The Asahi Shimbun

aからjの国の位置を地図中の1から30の中から選び、□の中に記入してください

（「地理についての調査票」をもとに作製）

a.アメリカ合衆国 □	f.ケニア □
b.イラク □	g.朝鮮民主主義人民共和国 □
c.インド □	h.フランス □
d.ウクライナ □	i.ブラジル □
e.ギリシャ □	j.ベトナム □

調査は、昨年末から今月にかけ、国公私立大25校の約3700人と、千葉・新潟両県の高校9校の約1千人を対象に実施した。最近、戦争やオリンピックなどでメディアによく登場した10カ国を選んで、世界地図上に記したの30の番号から選んでもらった＝図。

アメリカ合衆国（米国）やインドの位置は、大学生、高校生とも誤答率が1割に満たなかった。

朝鮮民主主義人民共和国（北朝鮮）についての質問では、誤答した大学生は9・7％、高校生が45・9％にのぼった。イラクは大学生が43・5％、高校生が45・9％が間違えていた。

■ 国の位置誤答率 ■

	大学生	高校生
アメリカ合衆国	3.1	7.2
イラク	43.5	45.9
インド	3.2	8.0
ウクライナ	45.2	67.0
ギリシャ	23.5	40.6
ケニア	33.7	47.3
朝鮮民主主義人民共和国（北朝鮮）	9.7	23.9
フランス	12.2	25.3
ブラジル	7.2	12.9
ベトナム	26.4	42.1

※単位は％

標準的な成績だったあ国の番号を書いた学生も各2人いた。

また、昨年8月に夏季五輪が開催されたギリシャの誤答率は、大学生で23・5％、高校生で40・6％だった。

89年の旧学習指導要領改訂以来、高校生は世界史だけが必修で、ほかの

アメリカ合衆国は、位置する番号を書いた学生が13人、インドが3人おり、イランやタイ、中国の番号を書いた学生も9人。実際には、韓国が査結果では、高校で地理を選択しなかった大学生は、10カ国すべてで履修者の正答率を下回った。

調査にあたった滝沢由美子・帝京大教授（地理）は「ほとんどの主要国で地理は必修だ。正しい世界認識を育み、国際感覚を身につけるためには最低限の地理的素養が必要で、高校での地理学習を拡充してほしい」と話している。

る大学で誤答例を調べたところ、203人の学生のうち正しい北朝鮮の位置を答えられたのは17人だった。地理を履修する生徒は減っており、現在は全体の約半数だという。調科目は選択になっている

■ 問題の正解 ■

（a）アメリカ合衆国＝2、（b）イラク＝24、（c）インド＝13、（d）ウクライナ＝13、（e）ギリシャ＝11、（f）ケニア＝21、（g）朝鮮民主主義人民共和国＝26、（h）フランス＝8、（i）ブラジル＝6、8＝、（j）ベトナム＝29

『朝日新聞』2005年2月23日朝刊より

●この本の使い方

この本は、学校の授業との関連で使用していただくことを中心に考えています。ですから、この本に社会科で学ぶべき内容のすべてが入っているわけではありません。授業でとりあげていただければ、ここでは省いていいと判断している内容もあります。基礎を身につけることに重点がおかれていますが、活用としての自由研究、フィールドワーク、時事問題に目を向ける課題もあります。

学校で使う場合と家庭で使う場合、どちらでも次の使い方を参考にしてください。

● 自分でこの本に記入しながら、またはノートに答えを記入しながら、覚えたり理解したり、調べたりすることも試みましょう。

● 問題によって答えがないものがあります。答えのあるものもすぐには見ないで、教科書、資料集、地図帳などを参考にして記入し、あとで答えを確かめましょう。

● 答えのないものは二つに分かれます。一つは、自分で作業したりして自分なりの答えを見つけるものです。もう一つは、都道府県名や世界の国名などを記入するもので、地図帳を見ればわかります。

● ❗は基礎的な知識として、読んで理解してください。🔎はさらに取り組んでみましょう。

● 白地図はコピーしておくと、いろいろなことに何回も使用できます。

● 「自由研究のヒント」を参考に、自分で課題を設定し研究してみましょう。

● 「フィールドワークのすすめ」を参考に、関心のあるところを訪ねてみましょう。

● 「トピックス」は時事問題に目を向けるもので、それぞれの課題に取り組んでみましょう。

江戸時代の末、1864 年 6 月 28 日、日本で最初の新聞「新聞誌」を発行したジョセフ彦は、その中で、「童子之輩にも読なんことを欲す」（どうしのやからにもよみなんことをほっす）と書いています。「子どもたちにもこれを読み情報を知って欲しい」という意味です。「新聞誌」第一号は、半紙に手書きで書かれた 10 ページのもので、発行部数は 5 部で無料配布されました。内容は、アメリカ、オランダ、イタリアの政治・経済・戦争の情報や世界各国の茶・烟草・綿の値段、相場を記した記事などでした。

(06 年 2 月 1 日放送された NHK「その時歴史が動いた」より)

現実の社会を読み解く力につなげてみましょう。

●もくじ

VII　6年生で身につける　活用 ··· 121

●印は、解答があるもの

I

3年生で
身につける
基礎

　人をどこかの場所へつれて行くときに、右や左という言葉を使うと、体を反対に向けただけで別の場所に行ってしまいます。どちらを向いている人でも同じ方へ行けるように、北極の方を「北」、反対の南極の方を「南」と決めておけば、いつでも同じ方へ行けます。北や南は方位磁石を使えば分かるようになっています。

　北の反対側が、「南」で、北を向いて右側を「東」、左側を「西」といいます。また、地図にはどちらが北なのか記号が書かれています。方位の記号がない地図は、上が北と決まっています。

1　あいているところに、南、東、西の方位を書きましょう。

2　あいているところに、北、東、西の方位を書きましょう。

　東西南北のそれぞれのあいだのところは、どのように言うのでしょう。

　たとえば、北と東のまんなかは北東というように、二つの方位をならべて表します。南東と言えば、南と東の間ということになります。二つの方位をならべて書くとき、北か南を先に書く決まりになっています。

3　あいているところに方位を書きましょう。

> 地図の記号は、そのものの形やわけなどをかんたんにして表したものが多く使われています。神社は入り口にある「とりい」の形、港は「船のいかり」の形、郵便局は、むかし郵便の仕事を「ていしん」といったので、「て」の字をカタカナにした「テ」、工場は「機械の歯車」の形などです。ほかの記号もなぜそういうマークになったのか調べてみると覚えやすくなるでしょう。

　何を表す地図記号でしょう。また、なぜそのような地図記号になったのでしょう。下のア～コの中から選んで答えましょう。

☼ [①] (②)　　　　　文 [⑬] (⑭)

〃〃 [③] (④)　　　　　井 [⑮] (⑯)

Y [⑤] (⑥)　　　　　⚓ [⑰] (⑱)

⊖ [⑦] (⑧)　　　　　📖 [⑲] (⑳)

卍 [⑨] (⑩)　　　　　⌂ [㉑] (㉒)

⊗ [⑪] (⑫)　　　　　⌂ [㉓] (㉔)

ア．むかし火事を消すときに使った道具の形
イ．入り口にあるとりいの形
ウ．機械の歯車の形
エ．警察官がもっている警棒を組み合わせたもの
オ．田んぼのイネをかりとったようす
カ．郵便の仕事のことをむかしは「ていしん」と言ったから
キ．仏を表す「まんじ」という字から
ク．たくさんの文を読んだり、書いたりして勉強するから
ケ．建物の中にある本の形
コ．船をとめる時に使ういかりの形
サ．建物の中に、杖が描かれている
シ．記念碑の記号に碑文を表す縦線を加えた形

あなたが住んでいる都道府県の白地図をはりましょう。

あなたが住んでいる市・区・町・村を赤でぬりましょう。

あなたが住んでいる市・区・町・村のまわりの市・区・町・村の名前を書き入れましょう。

1　前ページの地図を見ながら、あなたが住んでいる市・区・町・村の形をかいてみましょう。

2　あなたの家の場所に マークをかき入れましょっ。

3　その地図に、主な鉄道や駅、大きな道路をかき入れましょう。

例

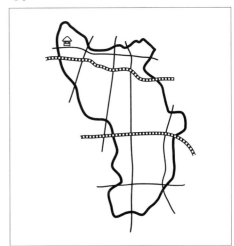

スーパーマーケットでは、次のようなマークを見かけます。何を表すマークなのか調べて書きましょう。

何を表すマーク？

①

何を表すマーク？

②

古紙配合率100%再生紙を使用しています

何を表すマーク？

③

何を表すマーク？

④

盲導犬同伴可

何を表すマーク？

⑤

何を表すマーク？

⑥

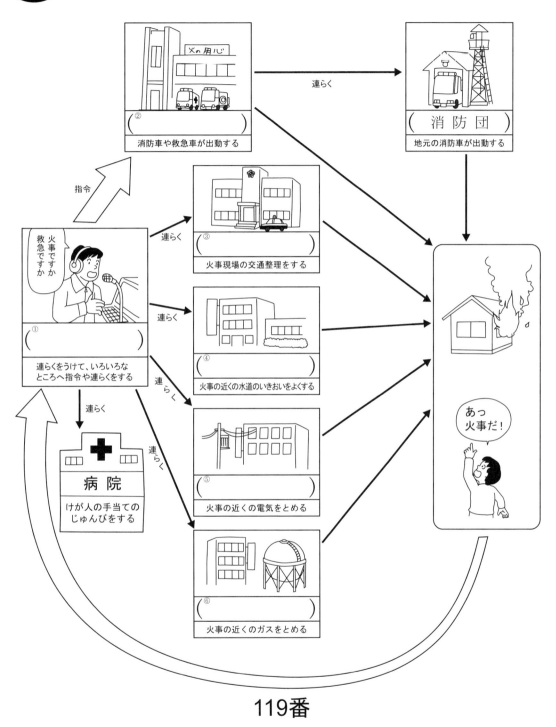

連らく

消防団

地元の消防車が出動する

② （　　　　　　　　　）
消防車や救急車が出動する

指令

連らく

③ （　　　　　　　　　）
火事現場の交通整理をする

火事ですか救急ですか

① （　　　　　　　　　）
連らくをうけて、いろいろなところへ指令や連らくをする

連らく

④ （　　　　　　　　　）
火事の近くの水道のいきおいをよくする

連らく

病院

けが人の手当てのじゅんびをする

連らく

⑤ （　　　　　　　　　）
火事の近くの電気をとめる

あっ火事だ！

連らく

⑥ （　　　　　　　　　）
火事の近くのガスをとめる

119番

　上の図は、火事の火をはやく消すためのしくみです。（　　　）の中にあてはまるものを下から選んで書きましょう。

電力会社・消防署・警察・ガス会社・鉄道会社・消防司令室・水道局

火事が起きたときは、消防司令室から、消防署に指令が出ます。まず、火事の現場の近くの消防署に「消防車、出場」という指令が出て、消防車がかけつけます。これを第一出場といいます。第一出場の消防車だけでは火が消えそうにないときは、となりの市・区・町・村の消防署にも応援をたのんで、消防車を出してもらいます。これを第二出場といいます。第一・第二出場でも火が消えそうにないときは、第三出場といって、もっと遠くの消防署からも消防車がかけつけて火を消すことになっています。

町の中でみかける次のものは何でしょうか。調べて、下のア～クの中から選んで書きましょう。

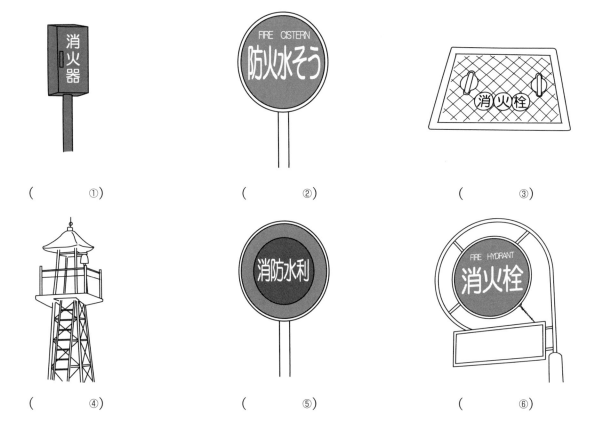

(①)　　　　　(②)　　　　　(③)

(④)　　　　　(⑤)　　　　　(⑥)

ア．火事の起きている場所をみつけ、鐘をならす火の見やぐら
イ．消防車が使う水を貯めてある水槽のある場所を表すかんばん
ウ．火事が消えたので安心してもよいというかんばん
エ．消防車が使う水道の栓があるマンホール
オ．火を消すために使える水があることをしめすかんばん
カ．消防車が使う水道の栓があることをしめすかんばん
キ．火事でにげおくれた人を助けるためのはしご
ク．屋外用の箱に入っている消火器

次のものは交通安全のためにどのような役に立っていますか。ア～ケから選んで（　）に書きましょう。￼￼の中に名前を下から選んで書きましょう。

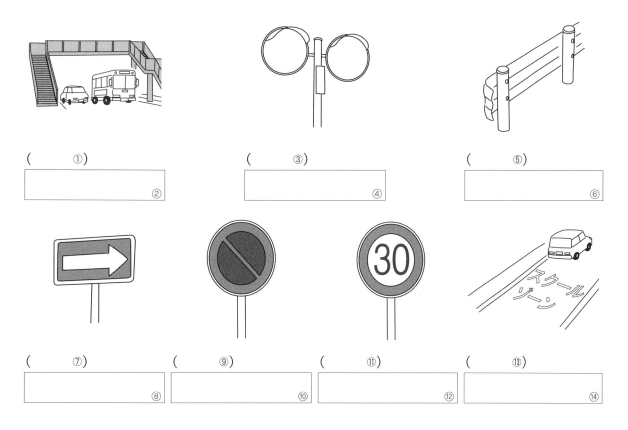

（　　①　　）

②

（　　③　　）

④

（　　⑤　　）

⑥

（　　⑦　　）

⑧

（　　⑨　　）

⑩

（　　⑪　　）

⑫

（　　⑬　　）

⑭

ア．まがりかどで、人や車が来ていないかたしかめる

イ．急いでいる車を先に行かせる

ウ．道のはじに車を止めさせなくして、見通しをよくする

エ．スピードの出しすぎを防ぐ

オ．歩道と車道を区別する

カ．車が通れない道にしている

キ．学校が近くにあることを教え、気をつけてもらう

ク．せまい道などで車がすれちがうのをふせぐ

ケ．車を気にしないで大きな道をわたる

・ガードレール　　・スクールゾーン　　・歩道橋　　・駐車禁止　　・一方通行
・カーブミラー　　・歩行者天国　　・速度制限

✐🔍 上のものがあなたの町のどこにあるのか、地図に書きこみながら調べてみましょう。

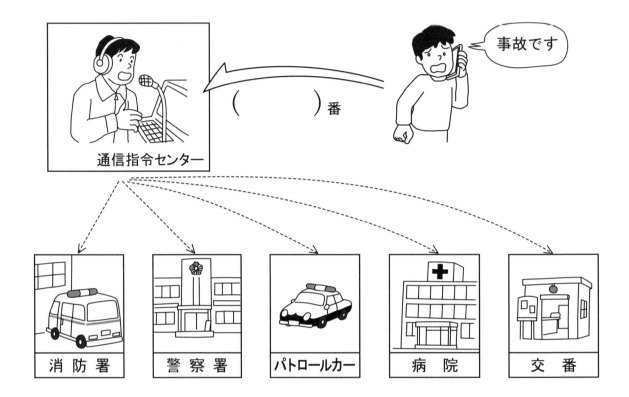

1　上の図を見て答えましょう。

・交通事故が起きたら、何番へ電話をすればよいのでしょう。（　　　　　　①）

・通信指令センターからは、どこへ指令が行くのでしょうか。矢じるしの点線をなぞってみましょう。

2　交通事故を防ぐために、警察がしている仕事に○をつけましょう。

（　　②）ものを盗んだ人を捕まえる

（　　③）スピード違反などの交通違反を取り締まる

（　　④）春と秋に交通安全運動を行う

（　　⑤）車の点検をする

（　　⑥）交通整理をする

> あなたの乗る自転車も、法律では軽車両という車としてあつかわれています。ですから、お酒を飲んで乗ると飲酒運転になりますし、自転車は車道の左側を走るのがきまりです。特別な標識のある歩道では、歩いている人に気をつけて自転車も走っていいことになっています。また自転車も車なので、夜は必ずライトをつけて走らなくてはいけないことになっています。

あなたの学校がある市区町村では、どのようなうつりかわりがあったでしょうか。それぞれの時期にあてはまるできごとを調べて書き込みましょう。

100 年ぐらい前から 60 年前ぐらいまで

60 年ぐらい前から 30 年ぐらい前まで

30 年ぐらい前から現在まで

これから先どのようにうつりかわってほしいですか。

II

4年生で
身につける
基礎

・土地のようすを地図上に表すとき、じっさいのきょりをちぢめなければなりません。どれだけちぢめたかをしめすのが、縮尺です。

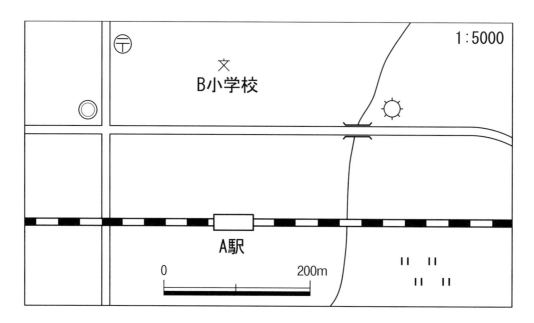

　地図には、必ず縮尺が書かれています。上の地図の場合、右上の「1：5000」がそれにあたります。これは「5000分の1」という意味で「$\frac{1}{5000}$」と書かれている場合もあります。

○A駅からB小学校までのじっさいのきょりを調べるには？
　・A駅からB小学校までの地図上の長さをはかります。
　・この地図は、じっさいの長さを5000分の1にちぢめているので、じっさいの長さは、
　　　　　4cm×5000＝20000cm
　　　　　　　　　　＝200m＝0.2km　となります。
みなさんの使っている地図で、じっさいのきょりをいろいろと調べてみましょう。

	地点A	地点B	縮尺	地図上の長さ	じっさいのきょり
例	A駅	B小学校	1：5000	cm	km

　同じ高さの土地のところを結んだ線を等高線といいます。等高線を使うと、土地の高低を知ることができます。また、土地のかたむきも分かります。

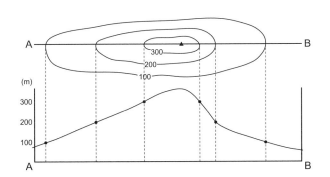

> 等高線の間隔（かんかく）が、広いとかたむきがゆるやか、せまいとかたむきが急になります。

このように線で結ぶと、山の断面（だんめん）を知ることができます。
　　・0mのところから山の線をスタートさせないようにしましょう。
　　・山の形は、なめらかな曲線で結びましょう。

◇練習　次の等高線で表された山の断面図を書きましょう。

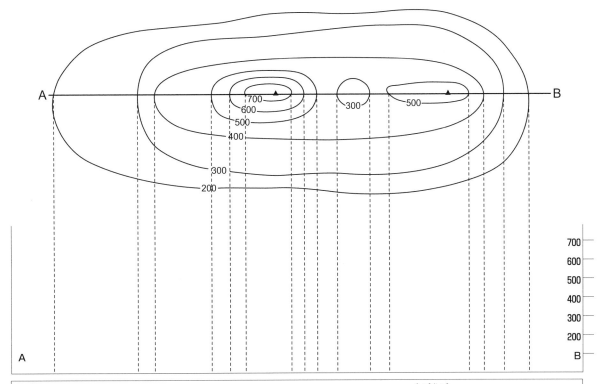

🔍 山に登るとき、もっともなだらかなルートは？　もっとも短い時間で頂上（ちょうじょう）に行けるルートは？

みなさんが使っている地図帳の「さくいん」のページを使うと、地名を早くせいかくに見つけることができます。

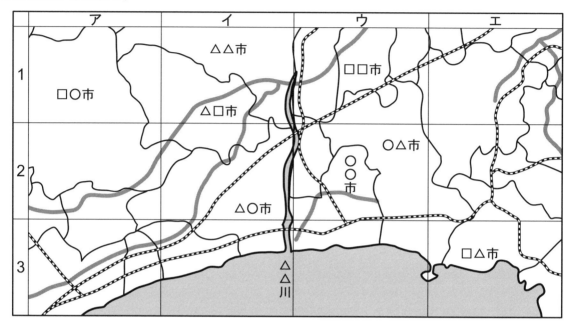

□△市を、さくいんを使って調べるには？
 ・さくいんを開くと「□△市…25エ3」と書いてあります。最初の数字はページ数です。（この場合は25ページ）
 ・たてにひかれている線の間のマスがア、イ、ウ、エ…です。
　横にひかれている線の間のマスが1, 2, 3, 4…です。
 それらの交わるマスの中に、見つけたい地名があるはずです。見つかりましたか？

1　あなたのもっている地図帳を使って、次の地名を見つけてみましょう。

・富士山 _____（さくいん）　　　見つけたら○をつけましょう。〔　〕

・東京 _____（さくいん）　　　見つけたら○をつけましょう。〔　〕

・大阪市 _____（さくいん）　　　見つけたら○をつけましょう。〔　〕

2　見つけてみたい地名をあげ、じっさいに地図帳で調べてみましょう。

　　　　地名　　　　　　さくいん

・（　　　　　　　　　）_____　　　見つけたら○をつけましょう。〔　〕

・（　　　　　　　　　）_____　　　見つけたら○をつけましょう。〔　〕

・（　　　　　　　　　）_____　　　見つけたら○をつけましょう。〔　〕

次の地図に都道府県名を入れましょう。例のように――を引いて書きましょう。

例　沖縄県

次のヒントにあたる都道府県名を（　　　　　　）に書きましょう。

①日本全体の約 22.9％の面積をしめる広大な大地と自然にめぐまれた日本最北の地。……

　（　　　　　　　）

②「りんご」生産日本一。「ねぶた祭」。……（　　　　　　　）

③北海道に次ぐ面積。石川啄木や宮沢賢治の出身地。……（　　　　　　　）

④日本有数の米の産地。「ササニシキ」や「ひとめぼれ」を開発。……（　　　　　　　）

⑤「じゅんさい」生産日本一。日本三大地鶏のひとつ「比内鳥」。「きりたんぽ」。……（　　　　　　　）

⑥「さくらんぼ」生産日本一。米沢牛の産地。……（　　　　　　　）

⑦全国３位の面積。会津塗、赤べこなどの伝統産業。野口英世の出身地。……（　　　　　　　）

⑧平地が多く第１次産業がさかん。「れんこん」「たまご」「メロン」生産日本一。……（　　　　　　　）

⑨日光の社寺（二荒山神社・東照宮・輪王寺）は世界遺産。……（　　　　　　　）

⑩「空っ風」「だるま」が名物。「こんにゃく」が特産品。……（　　　　　　　）

⑪東京都の北どなりで、人口がふえている。プロスポーツチームが多く、スポーツがさかん。

　……（　　　　　　　）

⑫日本一低い平均標高（49 m）で、大部分が房総半島。農林水産業、工業（京葉工業地域）、商業のバランスのよい産業。……（　　　　　　　）

⑬日本の首都。面積は日本全体の1％以下。人口は約10％。事業所数は日本一。

　……（　　　　　　　）

⑭首都圏のベッドタウン。箱根や鎌倉といった観光地あり。……（　　　　　　　）

⑮日本屈指の米どころ。「コシヒカリ」。……（　　　　　　　）

⑯「越中の薬売り」。アルミ関連産業がさかん。……（　　　　　　　）

⑰金沢は日本有数の城下町。兼六園は、日本三名園の一つ。……（　　　　　　　）

⑱「メガネ」の生産がさかん。県の魚は「越前がに」。……（　　　　　　　）

⑲「ぶどう」生産日本一。「桃」生産日本一。富士五湖がある。……（　　　　　　　）

⑳1998 年冬季オリンピック開催。「レタス」生産日本一。……（　　　　　　　）

㉑長良川の鵜飼は夏の風物詩。……（　　　　　　　）

㉒「生茶葉」生産日本一。サッカー王国。……（　　　　　　　）

①自動車産業がさかん。「キャベツ」の生産が多い。……（　　　　　　）

②真珠の養殖で有名。9つの自然公園がある。……（　　　　　　）

③県の面積の約6分の1を占める琵琶湖がある。……（　　　　　　）

④昔の都。清水寺や金閣をはじめとして歴史がある。伝統産業がさかん。……（　　　　　　）

⑤人口は日本第3位。日本を代表する商業都市。かつては「天下の台所」。……（　　　　　　）

⑥姫路城、神戸牛などが有名。「たまねぎ」の生産が多い。……（　　　　　　）

⑦古都であり、東大寺の大仏や奈良公園の鹿などが有名。……（　　　　　　）

⑧「うめ（紀州梅）」生産日本一。「柿」生産日本一。……（　　　　　　）

⑨日本最大の砂丘がある。「松葉がに」で有名。……（　　　　　　）

⑩出雲大社がある。世界遺産石見銀山。……（　　　　　　）

⑪「ぶどう」や「桃」の生産がさかん。倉敷市に石油化学コンビナート。……（　　　　　　）

⑫宮島の厳島神社や原爆ドームは世界遺産。「かき」の養殖がさかん。……（　　　　　　）

⑬秋吉台（カルスト地形）が有名。全国のフグの多くが下関に集まる。……（　　　　　　）

⑭400年の歴史を持つ阿波踊り。鳴門のうず潮があり、吉野川が流れる。……（　　　　　　）

⑮「讃岐うどん」が有名。気候を利用した「ため池」が盛んだった。最も小さい面積。

　……（　　　　　　）

⑯「いよかん」生産日本一。「タオル」生産日本一。……（　　　　　　）

⑰土佐犬や土佐和紙が有名。坂本竜馬の出身地。清流、四万十川が流れている。……（　　　　　　）

⑱「博多祇園山笠」の祭りが有名。「めんたいこ」生産日本一。……（　　　　　　）

⑲「有田焼」「伊万里焼」が有名。「のり」の生産が多い。吉野ヶ里遺跡あり。……（　　　　　　）

⑳出島に代表されるように古くからヨーロッパや中国との交流がさかん。……（　　　　　　）

㉑「阿蘇のカルデラ」は世界一の規模。「トマト」「スイカ」の生産が多い。……（　　　　　　）

㉒別府温泉や湯布院が有名。温泉の源泉、全国一。……（　　　　　　）

㉓農業が盛ん。「きゅうり」の生産が多い。「マンゴー」やハウス栽培の「ピーマン」が特産。

　……（　　　　　　）

㉔シラス台地で有名。「さつまいも」「ぶた」「にわとり」の生産が多い。……（　　　　　　）

㉕日本の最も南西。亜熱帯海洋性気候。「さとうきび」「パイナップル」の栽培。……（　　　　　　）

（　　）にあてはまる言葉を入れましょう。

家庭から出たごみは

大きく　家庭ごみ　と　（　　　　①）ごみ　に分けられて

　（　　　　　　②）という所で

（　　　　　　③）という車で

それぞれ　焼却工場　や　資源選別センター　へ運ばれます。

・ここでごみを燃やして小さくします。
・1000℃近い温度で燃やします。
・大きさは（　　④）分の1になります。
・重さは（　　⑤）分の1になります。
・24時間1年中うごいています。

・ここでペットボトル、アルミ缶、スチール缶、びんなどを新しく生まれ変わらせます。
　（　　　　　　⑥）と言います。

そして　埋め立て処分場　へ　　　　　再利用　されます。

　わたしたちの出すごみのなかで、資源ごみのしめる割合は、わずか5%にすぎません。ごみをへらすには毎日の生活で出す95%の家庭ごみをへらす工夫が大切ですね。

覚えよう　ごみをへらすために
3R（　　　　　　　　　　⑦）
①（　　　　　　⑧）ごみを出さないこと
②（　　　　　　⑨）くり返し使うこと
③リサイクル

（　　）にあてはまる言葉を入れましょう。

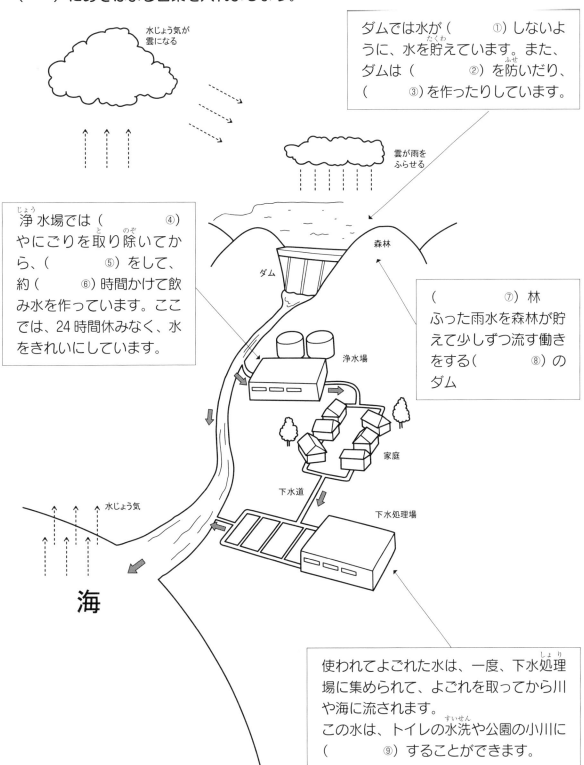

水じょう気が
雲になる

ダムでは水が（　　①　）しないように、水を貯えています。また、ダムは（　　②　）を防いだり、（　　③　）を作ったりしています。

雲が雨を
ふらせる

浄水場では（　　④　）やにごりを取り除いてから、（　　⑤　）をして、約（　　⑥　）時間かけて飲み水を作っています。ここでは、24時間休みなく、水をきれいにしています。

森林

ダム

（　　⑦　）林
ふった雨水を森林が貯えて少しずつ流す働きをする（　　⑧　）のダム

浄水場

家庭

下水道

下水処理場

水じょう気

海

使われてよごれた水は、一度、下水処理場に集められて、よごれを取ってから川や海に流されます。
この水は、トイレの水洗や公園の小川に（　　⑨　）することができます。

9 自然災害からくらしを守る(1)地震

4年

あなたの学校がある都道府県では、今までにどのような地震があったのでしょうか。

いつごろ	地震の名前	どのくらいの大きさか
( )	( )	( )
( )	( )	( )

家や学校、あなたの通学路ではどのような備えがありますか。

家

学校

通学路

28

政府はひなん情報の出し方を見直しました。情報をどう受け止め、ひなんしたらいいのか、それぞれのレベルにあてはまる行動を下のわくの中から選んで書き入れましょう。

けいかいレベル1

【早期注意情報】 (①)

けいかいレベル2

【洪水、大雨注意報】 (②)

けいかいレベル3

【はんらんけいかい情報・
　洪水、大雨けいほう】 (③)

けいかいレベル4

【土砂災害けいかい情報、
　はんらんきけん情報】 (④)

けいかいレベル5

【特別けいほう】 (⑤)

○高れい者らはひなん

○全員ひなん

○災害への心がまえを高める

○災害発生、命を守るための最ぜんの行動を

○ひなんに備え行動をかくにんする

ホームページ　気象庁「防災気象情報と警戒レベルとの対応について」でさらに調べてみましょう。

あなたの学校がある都道府県には、どのような伝統的なものや文化があるでしょうか。
建物や祭り、行事などに目を向けて地いきごとにまとめてみましょう。

（地いき名・市区町村別に）　　　（どんな伝統的なもの、文化など）

○（　　　　　　　　　　　　）　（　　　　　　　　　　　　　　　　　　　　　）

○（　　　　　　　　　　　　）　（　　　　　　　　　　　　　　　　　　　　　）

○（　　　　　　　　　　　　）　（　　　　　　　　　　　　　　　　　　　　　）

○（　　　　　　　　　　　　）　（　　　　　　　　　　　　　　　　　　　　　）

○（　　　　　　　　　　　　）　（　　　　　　　　　　　　　　　　　　　　　）

○（　　　　　　　　　　　　）　（　　　　　　　　　　　　　　　　　　　　　）

○（　　　　　　　　　　　　）　（　　　　　　　　　　　　　　　　　　　　　）

○（　　　　　　　　　　　　）　（　　　　　　　　　　　　　　　　　　　　　）

○（　　　　　　　　　　　　）　（　　　　　　　　　　　　　　　　　　　　　）

○（　　　　　　　　　　　　）　（　　　　　　　　　　　　　　　　　　　　　）

○（　　　　　　　　　　　　）　（　　　　　　　　　　　　　　　　　　　　　）

あなたの学校がある都道府県には、どのような特色ある地いきがあるでしょうか。伝統的な工芸品、観光地、名産品などに注目して地いきごとにまとめてみましょう。

（地いき名・市区町村別に）　　　　（どんな工芸品、観光地、名産品、国際交流など）

○（　　　　　　　　　　　　）　（　　　　　　　　　　　　　　　　　　　　　　　　）

○（　　　　　　　　　　　　）　（　　　　　　　　　　　　　　　　　　　　　　　　）

○（　　　　　　　　　　　　）　（　　　　　　　　　　　　　　　　　　　　　　　　）

○（　　　　　　　　　　　　）　（　　　　　　　　　　　　　　　　　　　　　　　　）

○（　　　　　　　　　　　　）　（　　　　　　　　　　　　　　　　　　　　　　　　）

○（　　　　　　　　　　　　）　（　　　　　　　　　　　　　　　　　　　　　　　　）

○（　　　　　　　　　　　　）　（　　　　　　　　　　　　　　　　　　　　　　　　）

○（　　　　　　　　　　　　）　（　　　　　　　　　　　　　　　　　　　　　　　　）

○（　　　　　　　　　　　　）　（　　　　　　　　　　　　　　　　　　　　　　　　）

○（　　　　　　　　　　　　）　（　　　　　　　　　　　　　　　　　　　　　　　　）

○（　　　　　　　　　　　　）　（　　　　　　　　　　　　　　　　　　　　　　　　）

白地図1　都道府県

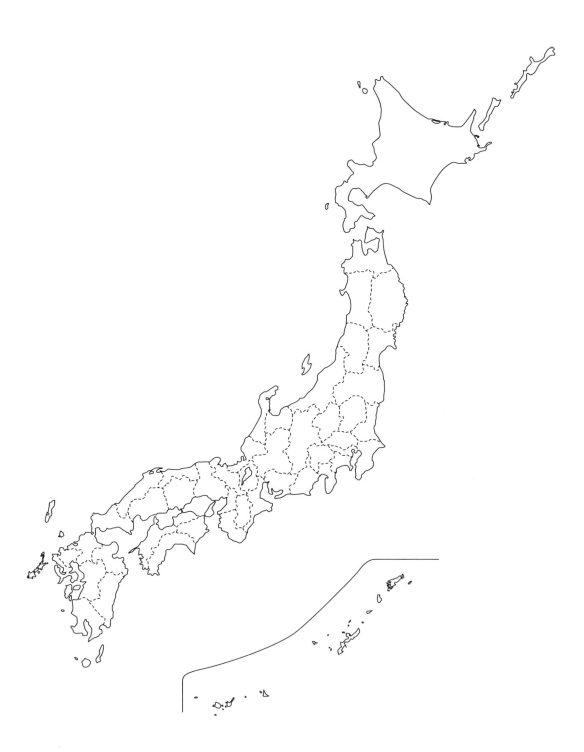

Ⅲ

3・4年生で
身につける
活用

自由研究のヒント

研究テーマ　「自分の住む町や県の○○について」
テーマ例⇒①自然環 境 (かんきょう)（川や海. 森林などに住む生き物について）
　　　　　②地理的なこと（平地や台地. 山地. 盆地 (ぼんち) など）
　　　　　③歴史 (れきし)（地名の由来. 地域の偉人 (いじん). 遺跡 (いせき). お祭りなど）
　　　　　④産 業 (さんぎょう)（農業. 林業. 水産業. 商業. 工業など）
　　　　　⑤町や県の仕事（警察 (けいさつ). 消 防 (しょうぼう). 市役所. 学校. 病院. 上下水道. ゴミなど）
　　　　　⑥マイタウン情 報 (じょうほう)（特 色 (とくしょく) のある場所や施設 (しせつ). 人など）

---

1. 研究の目的 (もくてき)（歴史を例にした場合）

・自分が住んでいる町の大きなお寺に関心があるので、歴史について調べる。

2. 研究内容 (ないよう)

① お寺のある場所のようす. 建物 (たてもの) の大きさ. 数。
② お寺の役割 (やくわり)（来る人の目的. お寺でしていること. 町とのつながり）
③ お寺の歴史（名前の由来. いつできたか. なんでできたか）
④ お寺のお祭り（名前. 時期. 目的. 内容. ねがい. 町の人）

3. 研究方法 (ほうほう)

① 図書館や郷土資料 (きょうど しりょう) 館でお寺について調べる。
② お寺を見学する。住 職 (じゅうしょく) さんに話を聞く。お寺の仕事をさせてもらう。
③ お年よりや町の人に話を聞く。
④ お祭りを朝から夜までさんかして観察 (かんさつ) する。

4. 研究のポイント（全体を通して）

① 図書館や博物館 (はくぶつかん). 市役所などで調べてみる。
② 電話や手紙で問い合わせてみる。（インターネットで調べてみる。）
③ 見学やインタビューをしてみる。
④ 写真をとり、ポスターやパンフレットなどをもらってくる。
⑤ 調べた情報を整理して、地図や表. もけいなどにあらわしてみる。
　（絵地図には、イラストやふき出しなどを入れるといい。）
⑥ 感想. 自分の考えを書く。

研究テーマ（1）研究の目的（2）研究内容（3）研究方法（4）研究のポイント

1．わたしの町のお祭り

（1）自分が住んでいる近くの町内のお祭りのようすについて調べる。
（2）①ふだんとちがう町のようす　②もよおし物の種類　③町内の人たちのふくそう
（3）朝から夜までお祭りの一日を観察する。町会の世話役の人から話を聞く。
（4）カードを数枚用意して、スケッチ風に絵をかくといい。

2．マイタウン情報

（1）自分が住んでいる町の情報を絵地図に表し、住みやすい町のじょうけんを考える。
（2）①自分が住んでいる町のいろいろな情報　②絵地図の作成　③住みやすい町のじょう
　　けん
（3）町のフィールドワーク。いろいろな人から情報を集める。
（4）いろいろな情報（この店では○○が安くておいしい、この施設では○○のスポーツが
　　できる、ここのおじさんは昔の遊びを教えてくれる等）を絵地図上にイラストをまじ
　　えて記入するといい。

3．わたしの旅行記

（1）旅行先の町の風土やそれにあわせた生活様式を明らかにする。
（2）①行った場所の気候のようす　②それにあわせた生活のようす（建物、ふくそう、特
　　産物、生活習慣など）
（3）地域のフィールドワーク、写真撮影やスケッチ、聞き取り調査、文化施設での資料の
　　収集など。
（4）たんなる旅行報告ではなく、地域の特ちょうをあらわしたい。

4．発電所の仕組み

（1）電力はどのようにつくられるか、どんな問題があるかを調べる。
（2）①発電所の立地条件　②電力がつくられるまでの仕組み　③発電所の新設計画とその
　　問題点
（3）電力会社のホームページで調べたり、取材したりする。
（4）原子力発電の問題点も考える。

フィールドワークのすすめ

　教室では感じることのできない音やにおいなど、五感すべてを用いて学ぶことができるフィールドワークは、社会科には欠くことのできない学習です。そういうことを通して、知り、考え、まとめ、話し合い、さらに行動することが社会科を学ぶ上で大切になってきます。

　フィールドワークでは、事前の学習と事後のまとめも大事な学習になります。

●公共施設「図書館」

　中学年の社会科では地域の公共施設について学びます。公共施設には、児童館や体育館などいろいろなものがありますが、だれもが活用できる図書館について学んでみましょう。学校の近くの図書館を見学するだけではなく、家の近くの図書館で、実際に図書の貸し出し証を作り、本を借りて、その体験についてまとめてみましょう。公共施設が、どういう目的で作られ、どのように役立っているかがわかります。

●学校のある地域めぐり

　学校のある地域を社会科見学としてまわってみましょう。地域にどんなものがあるのかを調べて、どのようなコースにするのか考えてみましょう。

　訪問した場所で、インタビューをしてみましょう。その地域を表すものをおみやげとすると、記念になります。

　（例）最初に雑司ヶ谷の鬼子母神（豊島区最古の建物）と巣鴨のとげぬき地蔵商店街。（おばあちゃんの原宿）へ行きました。移動には都電をりようします。鬼子母神では住職の話を聞き、境内の駄菓子屋で駄菓子を50円分買いました。とげぬき地蔵商店街ではお店の人にインタビューし、この町を表す物をお土産として300円ていどの物を買いました。

●ごみ学習

　ごみを処分する清掃工場では、大きなごみクレーンでごみを運ぶ様子や焼却の様子を見ることができ、ビデオや本で見るのとはちがう迫力があります。

　中央防波堤外側埋め立て地（最終処分場）では、不燃ごみや清掃工場で出た灰が処理させている様子を見ることができます。清掃工場では見ることのできないレジぶくろなどの不燃物ごみ・粗大ごみや浄水場や下水処理場の作業で出るごみ（ごみや糞尿など）のあまりの多さにおどろかされるでしょう。ごみがどのように処理され、最終的にどこへいくのか知ることは自分たちの生活を見直すためにも大きな意味を持っています。

●水学習

　水の学習では、羽村取水堰、東村山浄水場、下水処理場などの見学があります。

　新宿駅から、バスで奥多摩湖（小河内ダム）と奥多摩水と緑のふれあい館を見学し、羽村を経由し東村山浄水場を見学しました。湖やダムの大きさや東京を東西に走った時間を体感し、いかに長い距離を経て水が学校に届くのか、さらにいかに多くの人の手を経て飲める水になる

郵 便 は が き

1 1 3 8 7 9 0

料金受取人払郵便

本郷局
承認

3601

差出有効期間
2022年2月
28日まで

東京都文京区本駒込5丁目
　　　　　　　16番7号

東洋館出版社
営業部 読者カード係 行

||||||||||||||||||||||||||||||||||||||||||||||||

ご芳名	
メール アドレス	@ ※弊社よりお得な新刊情報をお送りします。案内不要、既にメールアドレス登録済の方は 右記にチェックして下さい。□
年　齢	①10代　②20代　③30代　④40代　⑤50代　⑥60代　⑦70代～
性　別	男　・　女
勤務先	①幼稚園・保育所　②小学校　③中学校　④高校 ⑤大学　⑥教育委員会　⑦その他（　　　　　　）
役　職	①教諭　②主任・主幹教諭　③教頭・副校長　④校長 ⑤指導主事　⑥学生　⑦大学職員　⑧その他（　　　　　）
お買い求め 書店	

Q ご購入いただいた書名をご記入ください

(書名)

Q 本書をご購入いただいた決め手は何ですか（1つ選択）

①勉強になる　②仕事に使える　③気楽に読める　④新聞・雑誌等の紹介
⑤価格が安い　⑥知人からの薦め　⑦内容が面白そう　⑧その他（　　　　　　）

Q 本書へのご感想をお聞かせください（数字に○をつけてください）

4：たいへん良い　3：良い　2：あまり良くない　1：悪い

本書全体の印象	4—3—2—1	内容の程度/レベル	4—3—2—1
本書の内容の質	4—3—2—1	仕事への実用度	4—3—2—1
内容のわかりやすさ	4—3—2—1	本書の使い勝手	4—3—2—1
文章の読みやすさ	4—3—2—1	本書の装丁	4—3—2—1

Q 本書へのご意見・ご感想を具体的にご記入ください。

Q 電子書籍の教育書を購入したことがありますか?

Q 業務でスマートフォンを使用しますか?

Q 弊社へのご意見ご要望をご記入ください。

ご協力ありがとうございました。頂きましたご意見・ご感想などを SNS、広告、
宣伝等に使用させて頂く事がありますが、その場合は必ず匿名とし、お名前等
個人情報を公開いたしません。ご了承下さい。

のか（飲み水は人によって作られる）を実感できます。見学した結果を新聞やレポートにまとめてみるのもよいでしょう。

● おすすめの場所……………………………………………………………………………………

〈1〉 奥多摩水と緑のふれあい館
〒198-0223　東京都西多摩郡奥多摩町原5番地
TEL 0428-86-2731
ホームページ「奥多摩水と緑のふれあい館」
奥多摩のゆたかな自然や、ダムの仕組、水の大切さを紹介しています。
小河内ダム展望塔がすぐ近くにあります。

〈2〉 家具の博物館
〒104-0002　東京都中央区晴海3-10JICビル2階
TEL 03-3533-0098
ホームページ「家具の博物館」
たんす、いす、照明具などの家具やインテリアの歴史がわかります。

〈3〉 大阪市立住まいのミュージアム
〒530-0041　大阪市北区天神橋6-4-20
TEL 06-6242-1170
ホームページ「住まいのミュージアム」
住まいの歴史と文化がテーマ。江戸後期（1830年代）の大阪の町並みが実物大で復元されており、近世のなにわの庶民のくらしぶりが実感できます。

〈4〉 紙の博物館
〒114-0002　東京都北区王子1-1-3飛鳥山公園内
TEL 03-3916-2320
ホームページ「紙の博物館」
紙の歴史や技術、和紙から現代の紙までいろいろな紙のことがわかります。

〈5〉**滋賀県立琵琶湖博物館**

　　　〒525-0001　滋賀県草津市下物町1091

　　　℡ 077－568－4811

　　　ホームページ「滋賀県琵琶湖博物館」

　　　琵琶湖のおいたち、湖の環境と人々のくらしなどを知ることができ、昔の遊びを体験するコーナーなどもあります。

〈6〉**大牟田市石炭産業科学館**

　　　〒836-0037　福岡県大牟田市岬町6-23

　　　℡ 0944-53-2377

　　　ホームページ「大牟田市石炭産業科学館」

　　　エレベーターで地下400mの世界へ。地球の歴史や石炭と人との関わりがわかり、エネルギーを体験するコーナーもあります。

●**おすすめホームページ**………………………………………………………………………

　　公益財団法人日本博物館協会

　　全国の博物館ランキングTOP10－じやらんnet

　　全国の博物館人気ランキング観光・旅行ガイド－ぐるなび

　　全国の博物館／科学館一覧－NAVITIME

　「全国の博物館」で検索するといろいろなホームページに接続できます。

台東区観光客 最多5583万人

昨年 17％の953万人が外国人

台東区は、昨年1年間に区内を訪れた観光客が5583万人に上ったと発表した。約17％の953万人が外国人で、ともに過去最多を記録。区は、上野や浅草が外国人から人気で東京五輪・パラリンピックに向け、宿泊施設が増えたことが増加の要因だとしている。

区は2004年から2年に1度、観光客数調査を実施。美術館や博物館など観光拠点計46か所の入場者数や、浅草を中心に行われる「三社祭」など45の行事の人出を基に推計している。

人が外国人で、ともに過去最多を記録。区は、上野や浅草が外国人から人気で東京五輪・パラリンピックに向け、宿泊施設が増えたことが増加の要因だとしている。

今回は観光客が前回（16年）より522万人、外国人が123万人それぞれ増えた。外国人の出身を地域別でみると、中国や韓国などの東アジアが約40％で最多。欧州が21％、東南アジアなどが約14％と続いた。

区によると、16年から18年にかけ、区内のホテルや旅館などの宿泊施設が64か所増え、計493か所になった。ホテルなどの建設はその後も進んでおり、区は観光客が今後もさらに増えるとみている。

22日に浅草寺・雷門を訪れた米国人のダニエル・ハッカビーさん（46）は「寺があったり、着物姿の女性がいたりして日本の伝統的文化を感じられた。たくさん写真が撮れたし、また来たい」と満足そうに話した。

調査開始以降、観光客数と外国人数は増え続け、今

大勢の観光客らでにぎわう浅草・雷門前（22日、台東区浅草で）

✏️🔍 記事を読んで、どのようなことを考えましたか。
あなたが住んでいる町は現在どのように変化していますか。
あなたが住んでいる町は外国の人が住んでいたり外国の観光客が訪れたりしているでしょうか。

マダニャイ とことこ散歩旅 51

井ノ頭通り23　ダイダラボッチ

代田橋駅そばを流れる玉川上水。ダイダラボッチが架けたと言われる橋はもうない＝東京都世田谷区

玉川上水や京王線代田橋駅（東京都世田谷区大原2丁目）周辺を歩いている

巨人伝説 今はなき「代田橋」

時、不思議な話を耳にした。古い商店などに時折、「ダイダラボッチの跡はどこですか」と尋ねて来る人がいるそうだ。「よく分からない」と答えるそうだ。

「ダイダラボッチ」。湖や沼、山などをつくったという全国各地に残る巨人の伝承だ。この伝説がなぜ、代田橋と関係があるのか。私も探してみたが、それらしき痕跡は見当たらない。

区広報広聴課に連絡したら、一冊の本を紹介された。「ふるさと世田谷を語る」（区文化課編集・発行）だ。「そこに代田橋の関連話ではないか。

と、ダイダラボッチの関連話ではないか。

が紹介されています」こんな言い伝えがあるという。「この地に雨水やわき水を集める沼があった。大男の足跡に似ていたので村人は「ダイダラボッチ」と名づけた。駅の南約500㍍、環状7号線沿いの守山小学校（閉校）があったあたりだ。また沼近くの玉川上水に大男が一晩でかけたと言われる橋があり、「代田橋」と呼ばれていた。

残念ながら沼も橋も今はない。ただ「ダイダラボッチ」が変化し、「だいた」になったというのが地名由来の有力な説だ。夢のある

（前多健吾）

『朝日新聞』2019年6月7日夕刊より

記事を読んで、どのようなことを考えましたか。
あなたが住んでいる町には、どのような伝説があるでしょうか。
あなたが住んでいる町には、どのような地名がついた理由があるでしょうか。

トピックス３　現代社会の仕組みや働きと人々の生活

ランナー募集 17日から

　東京五輪・パラリンピック組織委員会は１日、五輪の聖火ランナーの募集概要を発表した。中学生以上（来年４月時点）が対象で、走る都道府県にゆかりがあることなどを条件としている。国籍は問わない。１人当たりの走行距離は約200㍍で、参加無料。募集は今月17日に始まり、選考の末、12月以降にランナーが発表される。

　募集は都道府県の実行委員会と聖火リレーのスポンサー４社がそれぞれ行う。募集開始はスポンサーの日本コカ・コーラが今月17日、トヨタ自動車と日本生命保険、NTTの３社は同24日で、実行委が７月１日。締め切りはいずれも８月末。いずれかの実行委員会に１回と４社に１回ずつの最大５回応募できるが、走行できるのは１回。応募方法はそれぞれが順次発表する。

　ランナーは復興支援や地域活動などを考慮して選考される。国会議員や地方自治体の首長・議員らは対象外で、政治的・宗教的なメッセージを目的とした応募も受け付けないとしている。18歳未満は保護者の同伴が必要。単独走行が困難な場合は、介助者を１人つけることができる。【松本晃】

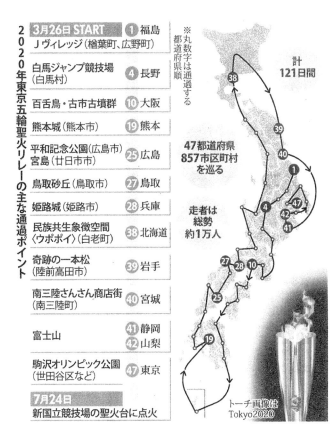

2020年東京五輪聖火リレーの主な通過ポイント

	都道府県順	
3月26日 START J ヴィレッジ（楢葉町、広野町）	①	福島
白馬ジャンプ競技場（白馬村）	④	長野
百舌鳥・古市古墳群	⑩	大阪
熊本城（熊本市）	⑲	熊本
平和記念公園（広島市）宮島（廿日市市）	㉕	広島
鳥取砂丘（鳥取市）	㉗	鳥取
姫路城（姫路市）	㉘	兵庫
民族共生象徴空間〈ウポポイ〉（白老町）	㊳	北海道
奇跡の一本松（陸前高田市）	㊴	岩手
南三陸さんさん商店街（南三陸町）	㊵	宮城
富士山	㊶㊷	静岡 山梨
駒沢オリンピック公園（世田谷区など）	㊼	東京
7月24日 新国立競技場の聖火台に点火		

※丸数字は通過する都道府県順

計121日間

47都道府県857市区町村を巡る

走者は総勢約1万人

トーチ画像はTokyo2020

『毎日新聞』2019年６月１日朝刊より

記事を読んで、どのようなことを考えましたか。
聖火の通過ポイントはそれぞれどのようなところでしたか。
47都道府県でぜひしょうかいしたいところはどこでしょうか。

IV

5年生で
身につける
基礎

5つの大陸名と国名を30か国以上書き込みましょう。

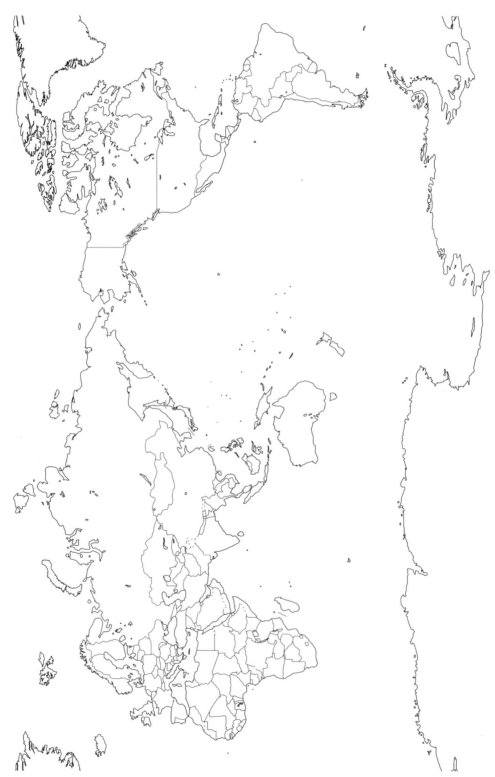

2 緯度・経度

地球上での位置を「緯度、経度」という数字で表します。

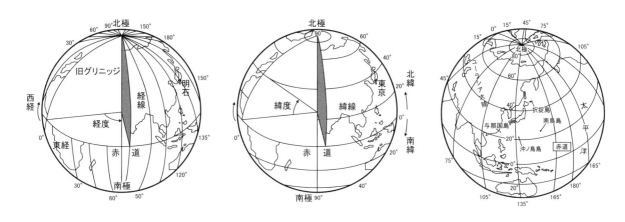

1 次の文章の（　　　）に当てはまる言葉を書きましょう。

・緯度　地球での（　　　　①　　　　）の位置を示すもので、（　　　　②　　　　）を 0 度にして南極、北

極までを 90 度に分けています。

・経度　地球での（　　　　③　　　　）の位置を示すもので、旧グリニッジ天文台あと（イギリス）

を通る経線を 0 度として、東西それぞれ 180 度に分かれています。

2 東西南北端の 4 つの島の緯度・経度を地図帳で見ておよその数字で（　　　　）に書

きましょう。

④北端　択捉島……北緯（　　　　）度、東経（　　　　）度

⑤南端　沖ノ鳥島……北緯（　　　　）度、東経（　　　　）度

⑥東端　南鳥島……北緯（　　　　）度、東経（　　　　）度

⑦西端　与那国島……北緯（　　　　）度、東経（　　　　）度

3 次の都市の位置を地図帳で見て、緯度・経度をおよその数字で表してみましょう。

・東京　　　　　　　　　・シドニー

・大阪　　　　　　　　　・マドリード

・ニューヨーク　　　　　・サンパウロ

・自分の住んでいるまち　・カイロ

1　地図中の①～④の島は、日本の東西南北の端です。名前を書き入れましょう。

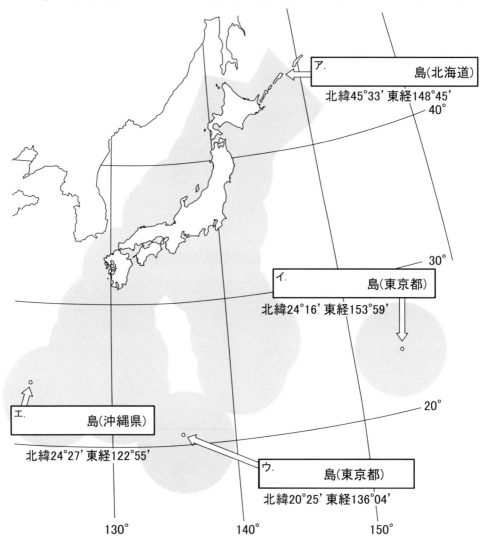

ア.　　　　　　　　　島（北海道）
北緯45°33' 東経148°45'

40°

イ.　　　　　　　　　島（東京都）
北緯24°16' 東経153°59'

30°

エ.　　　　　　　　　島（沖縄県）
北緯24°27' 東経122°55'

ウ.　　　　　　　　　島（東京都）
北緯20°25' 東経136°04'

20°

130°　　　　　140°　　　　　150°

（2019年6月1日　緯度・経度の数値を更新。国土地理院）

2　下の（　　）にあてはまる言葉を書きましょう。

　日本は、ユーラシア大陸の東の端^{はし}にあり、北に（　　　　　⑤）海、東に（　　　　　⑥）洋、西に（　　　　⑦）海と東シナ海の4つの海に囲まれています。また、南北に細長い弓形をしていて、長さは約3300kmあります。

　日本には、（　　　　　⑧）、北海道、（　　　　　⑨）、四国の4つの大きな島と、北方領土や沖縄島^{おきなわじま}など、約7000の小さな島々からなっています。

　日本の総面積は37.8万km²です。これは地球上の陸地の400分の1にあたり、世界の独立国約190カ国のうち、60番目くらいの広さです。

地図中の国と地域の名前を［＿＿＿＿＿］に書き入れましょう。

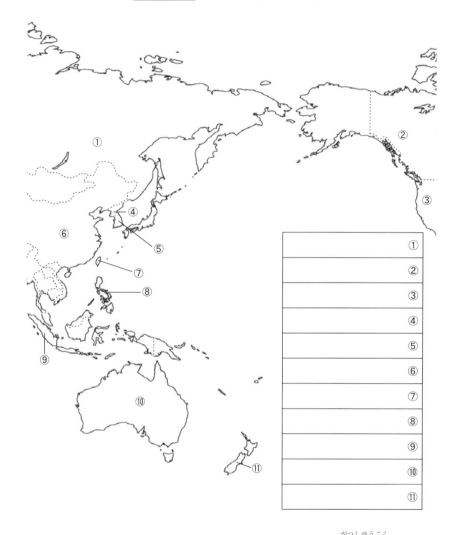

	①
	②
	③
	④
	⑤
	⑥
	⑦
	⑧
	⑨
	⑩
	⑪

・東側　世界一広い太平洋が広がる。太平洋をへだててアメリカ合衆国、カナダなどがある。
・西側　日本海、東シナ海をへだてて、大韓民国、朝鮮民主主義人民共和国、中華人民共和国、台湾などがある。
・南側　太平洋をへだてて、フィリピン、インドネシア、オーストラリア、ニュージーランドなどがある。
・北側　日本海、オホーツク海をへだてて、ロシア連邦がある。

 ・「中国」「韓国」「北朝鮮」「アメリカ」「ロシア」等、国名の一部を省略して呼ぶこともあります。
・台湾は、中国から独立を認められていないので、「地域」の扱いにしています。

日本の気候は四季の変化に富み、温和な温帯の気候です。季節風や海流、地形などの影響で6つの気候区分があります。

1　地図中の（　　　）に気候区分の名前を調べて書きましょう。

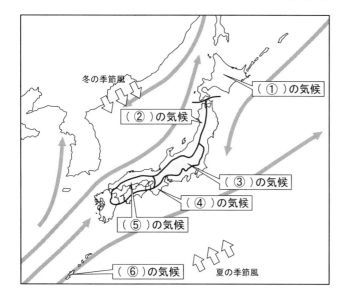

（　　　　　　　　）①

（　　　　　　　　）②

（　　　　　　　　）③

（　　　　　　　　）④

（　　　　　　　　）⑤

（　　　　　　　　）⑥

2　次の気温と降水量を表したグラフの（　　　）に当てはまる気候区分をア～カから選んで書き入れましょう。

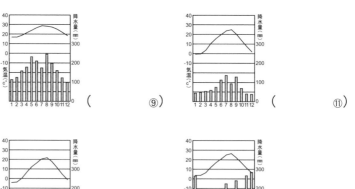

（　　　　⑦）

（　　　　⑨）

（　　　　⑪）

（　　　　⑧）

（　　　　⑩）

（　　　　⑫）

ア　太平洋側の気候	イ　日本海側の気候	ウ　瀬戸内の気候
エ　内陸性の気候	オ　北海道の気候	カ　南西諸島の気候

地図中の山地・山脈の名前を調べて（　　　　　　　）に書きましょう。

ア（	① ）山地	オ（	⑤ ）山脈	ケ（	⑨ ）山地
イ（	② ）山脈	カ（	⑥ ）山脈	コ（	⑩ ）山地
ウ（	③ ）山脈	キ（	⑦ ）山脈		
エ（	④ ）山脈	ク（	⑧ ）山地		

・山地…いくつかの山の集まりが、一つのまとまりとなっている地域
・山脈…山地のうち、細長く連続的にのびる地域
・高地…山地のうち、起伏は大きくないが、谷が発達し、全体的に平坦な地域

49

地図中の平野・川の名前を調べて（　　　　　）に書きましょう。

根釧台地（こんせん）

秋田平野（あきた）
雄物川（おもの）

北上盆地（きたかみ）

長野盆地（ながの）

富山平野（とやま）

神通川（じんづう（じんつう・じんずう））

阿武隈川（あぶくま）

近江盆地（おうみ）

江の川（ごう）

甲府盆地（こうふ）

大井川（おおい）

天竜川（てんりゅう）

高知平野（こうち）

四万十川（しまんと）

宮崎平野（みやざき）
大淀川（おおよど）

このほかにも、火山灰が積もってできた鹿児島県から宮崎県に分布するシラス台地も覚えておきましょう。

ア（①　　　　　平野・　　　　　川）
イ（②　　　　　平野・　　　　　川）
ウ（③　　　　　平野・　　　　　川）
エ（④　　　　　平野・　　　　　川）
オ（⑤　　　　　平野・　　　　　川）

カ（⑥　　　　　平野・　　　　　川）
キ（⑦　　　　　平野・　　　　　川）
ク（⑧　　　　　平野・　　　　　川）
ケ（⑨　　　　　平野・　　　　　川）
コ（⑩　　　　　平野・　　　　　川）

都道府県 庁 所在地の場所を地図帳で調べて、所在地名を書きましょう。

東京の都庁の所在地は、新宿区です。これは
「東京都庁の位置を定める条例」で定められて
います。地図などでは、東京23区の総称とし
て、都庁所在地を「東京」や「東京特別区部」
と表示しているものもあります。

例
仙台市

51

　政令指定都市……地方自治法の規程で、政令で指定された人口50万人以上の都市。都道府県に準じる行政ができる。現在20都市。（　）内は指定された年。

札幌市（1972年）………195万人　　　　名古屋市（1956年）…229万人
仙台市（1989年）………106万人　　　　京都市（1956年）……142万人
さいたま市（2003年）…129万人　　　　大阪市（1956年）……270万人
千葉市（1992年）……… 97万人　　　　堺市（2006年）……… 84万人
横浜市（1956年）………374万人　　　　神戸市（1956年）……154万人
川崎市（1972年）………149万人　　　　岡山市（2009年）…… 71万人
相模原市（2010年）…… 72万人　　　　広島市（1980年）……120万人
新潟市（2007年）……… 80万人　　　　北九州市（1963年）… 96万人
静岡市（2005年）……… 71万人　　　　福岡市（1972年）……153万人
浜松市（2007年）……… 81万人　　　　熊本市（2012年）…… 73万人

　　　　　　　　　　　　　　　　　　※人口は2018年1月現在

　政令指定都市の場所を地図帳で調べて、例のように地図の中に印（・）をつけて、都市を書きましょう。

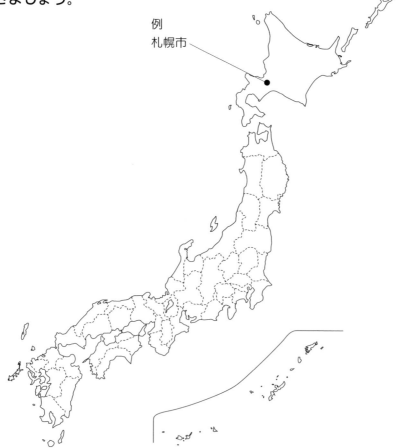

例
札幌市

米づくりのさかんな都道府県や平野名を書き入れましょう。

A ＿＿＿＿＿＿　①＿＿＿＿＿＿

B ＿＿＿＿＿＿　②＿＿＿＿＿＿

C ＿＿＿＿＿＿　③＿＿＿＿＿＿

D ＿＿＿＿＿＿　④＿＿＿＿＿＿

E ＿＿＿＿＿＿　⑤＿＿＿＿＿＿

F ＿＿＿＿＿＿　⑥＿＿＿＿＿＿

G ＿＿＿＿＿＿　⑦＿＿＿＿＿＿

H ＿＿＿＿＿＿　⑧＿＿＿＿＿＿

I ＿＿＿＿＿＿　⑨＿＿＿＿＿＿

J ＿＿＿＿＿＿　⑩＿＿＿＿＿＿

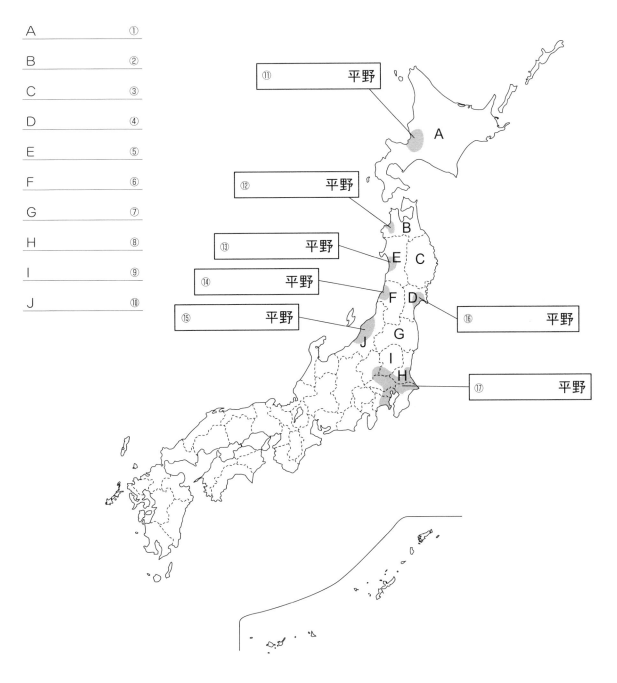

⑪ ＿＿＿＿＿平野

⑫ ＿＿＿＿＿平野

⑬ ＿＿＿＿＿平野

⑭ ＿＿＿＿＿平野

⑮ ＿＿＿＿＿平野

⑯ ＿＿＿＿＿平野

⑰ ＿＿＿＿＿平野

 米は、全国で作られていますが東北地方や北海道地方、また中部地方の北陸地域がさかんです。

様々な米の銘柄

日本国内では、品種改良を重ねて、様々な銘柄（品種）の米が作られています。代表的なものを書き入れましょう。

その他の銘柄

・つがるロマン　青森県
・朝の光　群馬県、埼玉県
・黄金晴　静岡県
・ハツシモ　岐阜県
・キヌヒカリ　和歌山県
・ヒノヒカリ　奈良県
・ヤマボウシ　山口県
・
・
・

1　日本のまわりを流れる海流の名前を調べて書き入れましょう。

①
②
③
④

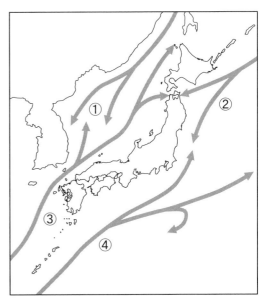

⚠️　寒流と暖流(だんりゅう)がぶつかるところを潮目と言います。そのようなところでは、魚のえさとなるプランクトンが多く、様々な種類の魚がたくさん集まります。

2　次の地図は、日本の主な漁港です。□□□□に漁港の名前を調べて書き入れましょう。

※東日本大震災で、東北地方の漁港が大きな被害を受けました。

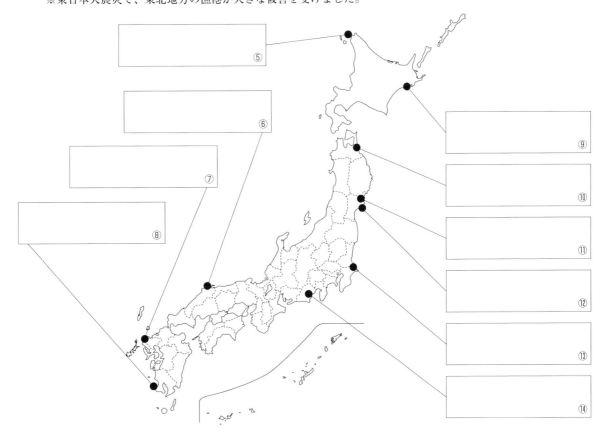

⑤
⑥
⑦
⑧
⑨
⑩
⑪
⑫
⑬
⑭

1 次のア～ウは、どんな漁業の種類を述べたものですか。文とグラフを見て答えましょう。

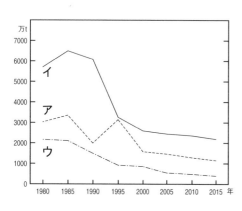

ア　10t未満の船を使い、日帰りで、「あじ」「たい」など
を捕っている。（　　　　　　　　　①）

イ　10t以上の船を使い、何日かかけて、「いか」「さんま」
などを捕っている。（　　　　　　　　②）

ウ　大型の船を使い、数ヶ月以上の日数をかけて「まぐ
ろ」などを捕っている。（　　　　　　　③）

2 次のア～エの漁法の名前を書き入れましょう。

ア　魚の群を網で取り囲んで捕る漁業で、いわしなどの
群をつくる魚を捕るのに適している。

④

イ　ふくろのような網を漁船で引き回して、海底付近に
住む魚を捕る漁法

⑤

ウ　回遊する魚の通り道をふさぐように網をはって、網
の中に魚を追い込んで捕る漁法

⑥

エ　かつおの群を漁船近くに集めて、さおで一匹ずつ釣
り上げる漁法

⑦

3 次の文章を読んで、問いに答えましょう。

ア　世界の多くの国々が、自国の水産資源を守るために、
何を設けましたか。

⑧

イ　アの範囲は、各国の沿岸から何海里ですか。

⑨

ウ　北太平洋公海上での、さけ・ます漁業の禁止条約を
結んでいる四つの国はどこですか。

⑩

次の地域で主に養殖されているものの名前を　　　　　の中に書き入れましょう。

※東日本大震災で、東北地方の養殖地が大きな被害を受けました。

> 日本の各地では、魚をいけすの中で大きくなるまで育てる養殖漁業がさかんです。魚だけではなく、のり・昆布・貝なども育てられています。
> また、稚魚を海や川に放し、自然の中で育てて大きくしてから捕る栽培漁業もあります。このための栽培漁業センターも各地にあります。

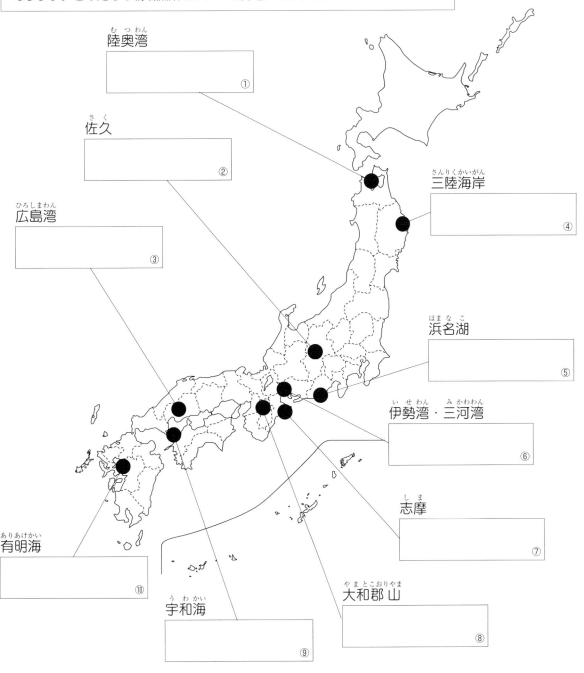

陸奥湾

①

佐久

②

広島湾

③

三陸海岸

④

浜名湖

⑤

伊勢湾・三河湾

⑥

志摩

⑦

有明海

⑩

宇和海

⑨

大和郡山

⑧

1 Ⓐ～Ⓕのような工業製品を生産する工業名をなんというでしょう。

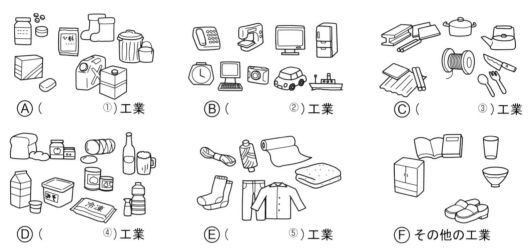

Ⓐ（ ① ）工業　　Ⓑ（ ② ）工業　　Ⓒ（ ③ ）工業

Ⓓ（ ④ ）工業　　Ⓔ（ ⑤ ）工業　　Ⓕ その他の工業

2 次のア～オの文はⒶ～Ⓕまでのどの工業の説明でしょうか。（　　）に記号を書き入れましょう。

ア　綿花・羊毛・生糸・化学せんいなどを原料に、衣類や織物をつくります。（　⑥　）

イ　石油などを原料に、プラスチック・ゴム製品・薬品・洗剤などをつくります。（　⑦　）

ウ　鉱石から、鉄・銅・アルミニウムなどの金属部分を取り出したり、金属製品をつくります。（　⑧　）

エ　おもに金属を材料にして、自動車・船舶・電気製品・精密機械などをつくります。（　⑨　）

オ　農業・水産業・畜産などでとれたものを加工して、パン・菓子・ハム・チーズ・酒などをつくります。（　⑩　）

3 （　）にあてはまる言葉を書き入れましょう。

(1)　原材料を加工して、生活に必要なものをつくり出す産業を（　⑪　）といいます。

(2)　Ⓐ～Ⓒの工業を合わせて（　⑫　）工業といいます。また、Ⓓ・Ⓔ・Ⓕの工業を合わせて、（　⑬　）工業といいます。

(3)　Ⓕのその他の中には、陶磁器・セメント・ガラスなどをつくる（　⑭　）や、本をつくり出す（　・　⑮　）などがふくまれます。

🔋🍴　右のグラフは、日本の工業生産額を表しています。
✏️🥄　A・Bにあてはまる工業は、上のⒶ～Ⓔの工業の中のどの工業でしょう。身の回りにある工業製品を思いうかべながら考えてみましょう。

A工業 45.9%
B工業 1.3%
14.5%
12.6%
12.8%
12.9%
2016年

1　A〜F のイラストは、自動車ができるまでの様子を表しています。A〜F の作業はそれぞれ何と言いますか。あてはまる言葉を選んで書き入れましょう。また、その作業を説明しているものをア〜カから選んで書き入れましょう。

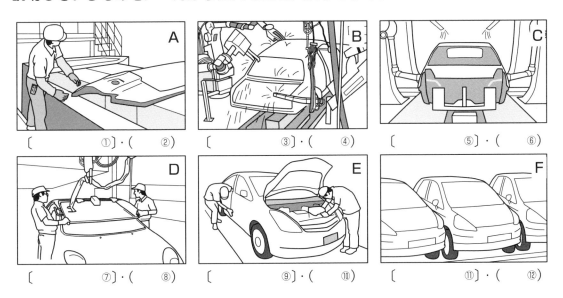

〔　　①　　〕・（　　②　　）　　〔　　③　　〕・（　　④　　）　　〔　　⑤　　〕・（　　⑥　　）

〔　　⑦　　〕・（　　⑧　　）　　〔　　⑨　　〕・（　　⑩　　）　　〔　　⑪　　〕・（　　⑫　　）

作業　｜　よう接　　検査　　出荷　　プレス　　とそう　　組み立て　｜

説明

ア	車体をきれいに洗ったあと、色のぬりつけを３回くり返し、仕上げます。
イ	ブレーキ・排出ガス・水もれなどを調べ、合格すると自動車が完成します。
ウ	鉄の板をうちぬいたり、曲げたりして、車体のドアやボンネットをつくります。
エ	車体の部品をつなぎ合わせ、車体の形にしていきます。
オ	完成した自動車は、駐車場に運ばれ、販売店などへ運ばれます。
カ	車体にエンジン・メーター・シートなどを取り付けます。

2　（　　　）の中に言葉を書き入れましょう。

　完成した自動車は、（　　⑬　　）とよばれる専用のトラックで運ばれます。遠い地域へ運ぶには、いったん専用の（　　⑭　　）に積んで、各地の港に運び、そこから販売店に運ばれます。

　１台の自動車ができあがるのにどれくらいの部品が必要でしょう。
　　　ア 200〜300 個　イ 2000〜3000 個　ウ 20000〜30000 個

1 （ ）の中にあてはまる言葉を書き入れましょう。

1台の自動車ができるために、多くの部品が使われています。

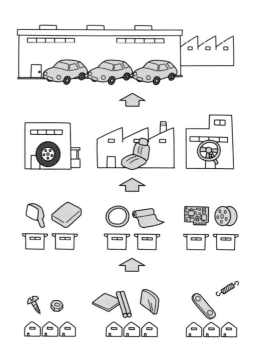

(1) 自動車の組み立て工場では（ ① ）作業で、多くの部品を取りつけます。働く人は、ラインにそって、それぞれ決まった作業をします。これを（ ② ）といいます。

(2) 部品をつくって、自動車工場に部品をおさめる工場を（ ③ ）工場といいます。自動車工場は、必要なときに必要な数だけ部品を、この工場に注文して、届けてもらいます。この方式を、（ ④ ）方式といいます。

(3) 働く人が（ ⑤ ）人以上の工場を大工場といい、それよりも働く人が少ない工場を中小工場といいます。（働く人が 30 人よりも少ない工場を、小工場といいます。）

下のグラフで、Aが（ ⑥ ）工場を表していて、Bは（ ⑦ ）工場を表しています。

Aの工場は、自動車などの多くの部品を必要とする工場の（ ⑧ ）工場となっていることも多いです。

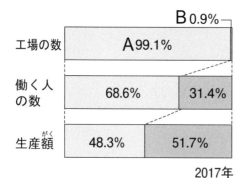

工場の数	A99.1%		B 0.9%
働く人の数	68.6%	31.4%	
生産額	48.3%	51.7%	

2017年

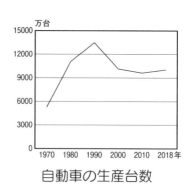

自動車の生産台数

上のグラフのように 1990 年代になって、日本は自動車の生産台数が大きく減っています。これはどうしてなのか、理由を調べてみましょう。

（　　　）の中にあてはまる高速道路名を書き入れましょう。

① （　　　　　）高速道路（東京〜小牧）

② （　　　　　）自動車道（川口〜青森）

③ （　　　　　）自動車道（東京〜長岡）

④ （　　　　　）自動車道（東京〜岡谷〜小牧）

⑤ （　　　　　）高速道路（小牧〜西宮）

⑥ （　　　　　）自動車道（吹田〜下関）

⑦ （　　　　　）自動車道（北九州〜鹿児島）

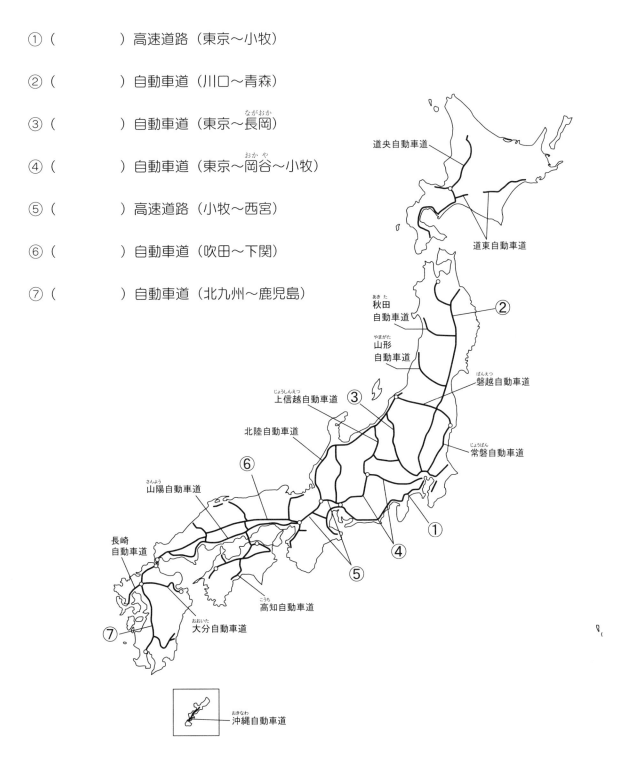

道央自動車道

道東自動車道

秋田
自動車道

②

山形
自動車道

磐越自動車道

上信越自動車道　③

北陸自動車道

常磐自動車道

⑥

山陽自動車道

長崎
自動車道

①

④

⑤

高知自動車道

大分自動車道

⑦

沖縄自動車道

日本のおもな鉄道・空港・港について、（　）にあてはまる言葉を書き入れましょう。

【鉄道】

A（　　　　　　①）新幹線（新青森～新函館北斗）
B（　　　　　　②）新幹線（東京～新青森）
C（　　　　　　③）新幹線（盛岡～秋田）
D（　　　　　　④）新幹線（福島～新庄）
E（　　　　　　⑤）新幹線（東京～新潟）
F（　　　　　　⑥）新幹線（東京～金沢）
G（　　　　　　⑦）新幹線（東京～新大阪）
H（　　　　　　⑧）新幹線（新大阪～博多）
I（　　　　　　⑨）新幹線（博多～鹿児島中央）

整備新幹線
現在建設中、または計画されている新幹線
● 北海道新幹線（新函館北斗～札幌）
● 北陸新幹線（金沢～敦賀）
● 九州新幹線長崎ルート（武雄温泉～長崎）

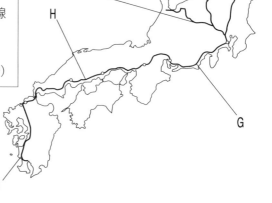

【空港・貿易港】

ア（　　　　　　⑩）国際空港
イ（　　　　　　⑪）国際空港
ウ（　　　　　　⑫）港
エ（　　　　　　⑬）港
オ（　　　　　　⑭）国際空港
カ（　　　　　　⑮）国際空港
キ（　　　　　　⑯）港
ク（　　　　　　⑰）港

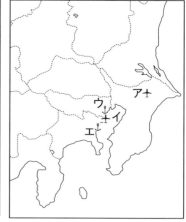

 貨物の輸送量でいちばん多いのは、自動車・船・鉄道・航空機のうちどれでしょうか。

1　日本の工業地帯・地域の名前を書き入れましょう。

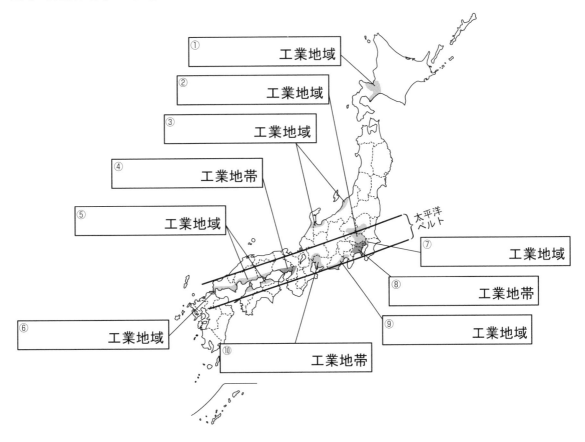

① 工業地域
② 工業地域
③ 工業地域
④ 工業地帯
⑤ 工業地域
⑥ 工業地域
⑦ 工業地域
⑧ 工業地帯
⑨ 工業地域
⑩ 工業地帯

太平洋
ベルト

2　それぞれの工業地帯について説明しているものの記号を書き入れましょう。

○中京工業地帯　（　　　　⑪　）
○京浜工業地帯　（　　　　⑫　）
　けいひん
○阪神工業地帯　（　　　　⑬　）
　はんしん

ア　機械工業の割合が2分の1にあたる。出版・印刷工業がさかんである。
イ　ほかの工業地帯に比べて、金属工業の割合が高い。
ウ　自動車工業を中心に、機械工業がさかんである。

 工業地帯や工業地域は、どんなところに多くあるでしょう。

1　日本のおもな貿易相手国や地域の名前を、多い順に5つ書きましょう。

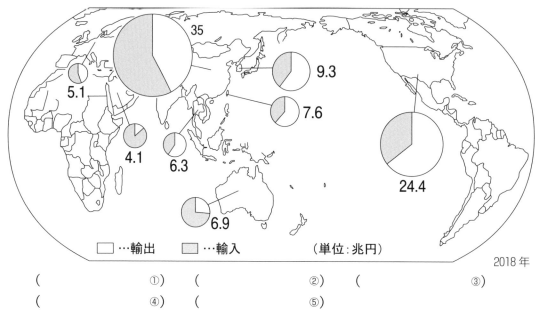

□…輸出　■…輸入　（単位：兆円）

2018年

（　　　　　①）　（　　　　　　②）　（　　　　　③）
（　　　　　④）　（　　　　　⑤）

2　日本の工業の特ちょうについて、（　）の中にあてはまる言葉を書き入れましょう。

日本は、世界有数の貿易国です。以前は、
（　　　　⑥）・石炭・鉄鉱石などの燃料や
（　　　　⑦）を多く輸入していました。それを加工し、機械や自動車などの（　　　⑧）を多く輸出してきました。

最近では、機械や衣類、（　　　　⑨）などの食料品の輸入がふえています。

貿易の輸出額と輸入額をくらべてみると、
（　　　　　⑩）の金額が多くなっています。輸出額と輸入額のバランスがくずれ、貿易相手国とのあいだにトラブルが起きることを
（　　　　　　⑪）といいます。

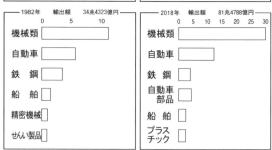

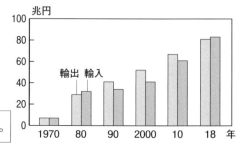

 日本が100%輸入しているものは、どんなものがあるでしょう。

64

あなたが住んでいるところでは、どのようなテレビ局の番組が見られるでしょうか。また、どのような新聞が配達されているでしょうか。住んでいる都道府県で見ることができるテレビ局名と配達される新聞社名を、白地図に書き込んでみましょう。あなたのおじいさんやおばあさんなど知り合いの方に聞いて、見ることができるテレビ局名と配達される新聞社名を、その方が住んでいる都道府県に書き込んでみましょう。

例
北日本テレビ
富山テレビ
チューリップテレビ
北日本新聞
富山新聞

　情報化時代になり、あふれる情報を選び上手に活用することが重要です。新聞、ラジオ、テレビ、インターネットの長所と短所を書き込んでみましょう。

	長所	短所
新聞		
ラジオ		
テレビ		
インターネット		

インターネットを使うことでおきる問題を、下のイラストの周りに書き入れてみましょう。

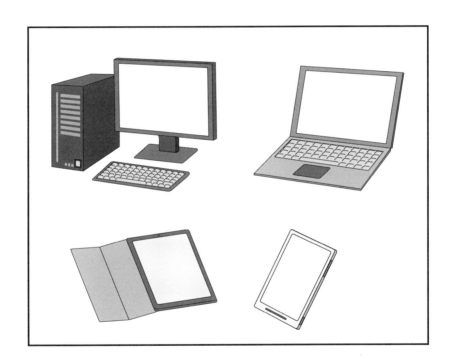

1　新聞、ラジオ、テレビ、インターネットなどから日本のニュースを探しましょう。

2　探した日本のニュースを、日本地図に書き込んでみましょう。①ニュースが載っていたり、放送されたりした日づけ、②ニュースの見出しを、できごとが起こった都道府県に書き入れましょう。

例
2020 年○月○日
豪雪で大被害
△△新聞

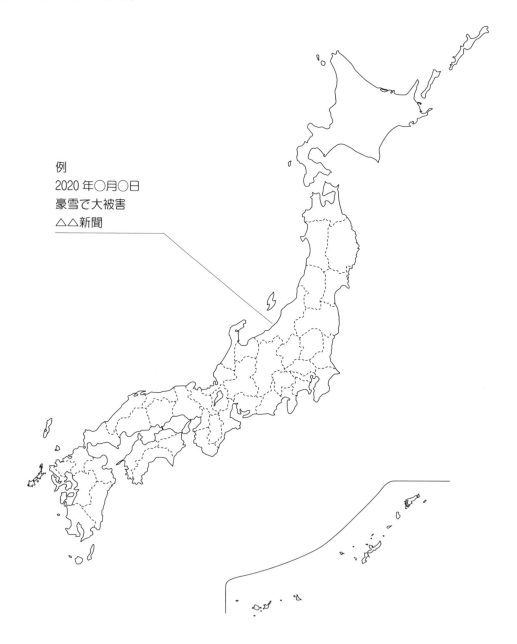

次の自然災害がおこった場所に名前を書き入れましょう。

1991 年　雲仙普賢岳の噴火
1995 年　阪神・淡路大震災
2007 年　新潟県中越沖地震
2011 年　東日本大震災
2014 年　広島市土砂災害

2014 年　御嶽山の噴火
2015 年　関東・東北豪雨による鬼怒川のはんらん
2016 年　熊本地震
2017 年　九州北部豪雨
2018 年　平成 30 年北海道胆振東部地震
2019 年　令和元年台風 19 号（ハギビス）

1 森林の特色について（　　　）中に適当な言葉を書きましょう。

日本の森林面積は広く、国土の3分の2をしめています。

国産木材（28%）、輸入木材（72%）

値段（ね だん）の安い輸入木材が増えています（国内の林業の衰退（すいたい））

（　　　　　①）樹（じゅ）　……「すぎ、ひのき、まつ」など。

　　　　　　　　　　　まっすぐ伸（の）びるので、加工しやすい。

（　　　　　②）樹（じゅ）　……「なら、ぶな」など。

　　　　　　　　　　　落葉するので、保水力が高い。

2 有名な森林の名前を、下の地図の（　　　　　）に書きましょう。

・天然の三大美林〔青森ひば、秋田すぎ、木曽（き そ）ひのき〕

・人工の三大美林〔天竜（てんりゅう）すぎ、尾鷲（お わせ）ひのき、吉野（よし の）すぎ〕

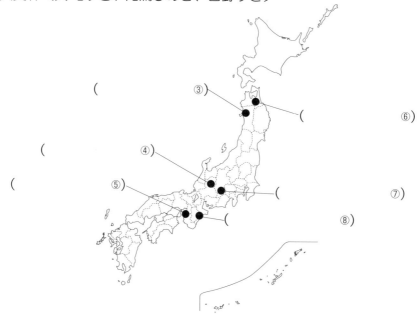

（　　　）③）

（　　　）

（　　　）④）

⑥）

（　　　

（　　　）⑤）

（　　　）

（　　　

⑦）

⑧）

森林のはたらき（右の絵で確かめましょう）

・木材のほか、木の実、きのこを生産し、海の魚介類（ぎょかいるい）などを育てる。

・雨水をたくわえ、少しずつ流す。水源林（すいげんりん）「緑のダム」とも呼（よ）ばれる。

・土砂くずれや洪水（こうずい）などの災害をふせぐ。

・防風、防雪、防砂（ぼう さ）などの役目をする。

・二酸化炭素を吸収（きゅうしゅう）し、酸素を供給（きょうきゅう）する。

・キャンプやハイキングなど、人々のいこいの場となる。

・野生動物のすみかとなる。

地図中の（　　）に、公害病の名前を書きましょう。

（　　①）

（　　②）

（　　）

（　　）

③

④

四大公害病の原因と特ちょう

文章中の（　　　）に原因物質の名前を書きましょう。

● 水俣 病

1953 年ごろから、熊本・鹿児島県の八代海沿岸域で、手足のしびれで苦しんだり、原因不明の病気で亡くなる人が目立つようになった。調査の結果、化学工場の排水にふくまれていた（　　　⑤）が原因とされた。

● 四日市ぜんそく

1960 年ごろから、四日市市でぜんそくに苦しむ人が増えて、死ぬ人も出てきた。原因は、石油化学コンビナートのけむりにふくまれていた（　　　⑥）で、呼吸器の病気や悪 臭や黒いすすなどに苦しんだ。

● イタイイタイ病

1922 年ごろから、富山県神通川下流域で発生した病気で、骨がもろくなって折れやすくなり、死ぬ人も出てきた。神通川上流の鉱業所の排水にふくまれる原因は、（　　　⑦）で、病名は患者が「痛い、痛い」と訴えたことからつけられた。

● 新潟水俣 病

1964 年ごろから、新潟県阿賀野川下流域で発生した病気は、工場の排水にふくまれる（　　　⑧）が原因で、患者の症 状も水俣病と同じため、新潟水俣病と名付けられた。

地図の世界遺産の位置に下の記号を書きましょう。2020年以降登録された遺産も書き入れてみましょう。（　）内は登録された年。

〔自然遺産〕
ア　白神山地（しらかみさんち）－（1993年）
イ　屋久島（やくしま）－（1993年）
ウ　知床（しれとこ）－（2005年）
エ　小笠原諸島（おがさわらしょとう）(2011年)

〔文化遺産〕
オ　法隆寺地域の仏教建造物（ほうりゅうじちいきぶっきょうけんぞうぶつ）－（1993年）
カ　姫路城（ひめじじょう）－（1993年）
キ　古都京都の文化財（こときょうとぶんかざい）－（1994年）
ク　白川郷・五箇山の合掌造り集落（しらかわごうごかやまがっしょうづくりしゅうらく）－（1995年）
ケ　原爆ドーム（げんばく）－（1996年）
コ　厳島神社（いつくしまじんじゃ）－（1996年）
サ　古都奈良の文化財（ことならぶんかざい）－（1998年）
シ　日光の社寺（にっこうしゃじ）－（1999年）

ス　琉球王国のグスク及び関連遺産群（りゅうきゅうおうこく／およかんれんいさんぐん）－（2000年）
セ　紀伊山地の霊場と参詣道（きいさんちれいじょうさんけいみち）－（2004年）
ソ　石見銀山遺跡とその文化的景観（いわみぎんざんいせきぶんかてきけいかん）－（2007年）
タ　平泉－仏国土（浄土）を表す建築・庭園及び考古学的遺跡群（ひらいずみぶっこくどじょうどあらわけんちくていえんおよこうこがくてきいせきぐん）―（2011年）
チ　富士山－信仰の対象と芸術の源泉（ふじさんしんこうたいしょうげいじゅつげんせん）（2013年）
ツ　富岡製糸場と絹産業遺産群（とみおかせいしじょうきぬさんぎょういさんぐん）（2014年）
テ　明治日本の産業革命遺産 製鉄・製鋼、造船、石炭産業（めいじにほんさんぎょうかくめいいさんせいてつせいこうぞうせんせきたんさんぎょう）（2015年）
ト　ル・コルビュジエの建築作品－近代建築運動への顕著な貢献（けんちくさくひんきんだいけんちくうんどうけんちょこうけん）―（2016年）
ナ　「神宿る島」宗像・沖ノ島と関連遺産群（かみやどしまむなかたおきのしまかんれんいさんぐん）（2017年）
ニ　長崎と天草地方の潜伏キリシタン関連遺産（ながさきあまくさちほうせんぷくかんれんいさん）（2018年）
ヌ　百舌鳥・古市古墳群―古代日本の墳墓群―（もずふるいちこふんぐんこだいにほんふんぼぐん）（2019年）

❗ ユネスコが登録している世界遺産は、文化遺産（869）、自然遺産（213）、複合遺産（39）で合計1121になります。（2019年7月現在）

白地図2　都道府県庁所在地

白地図３　世界の国々（1）よく見る世界地図

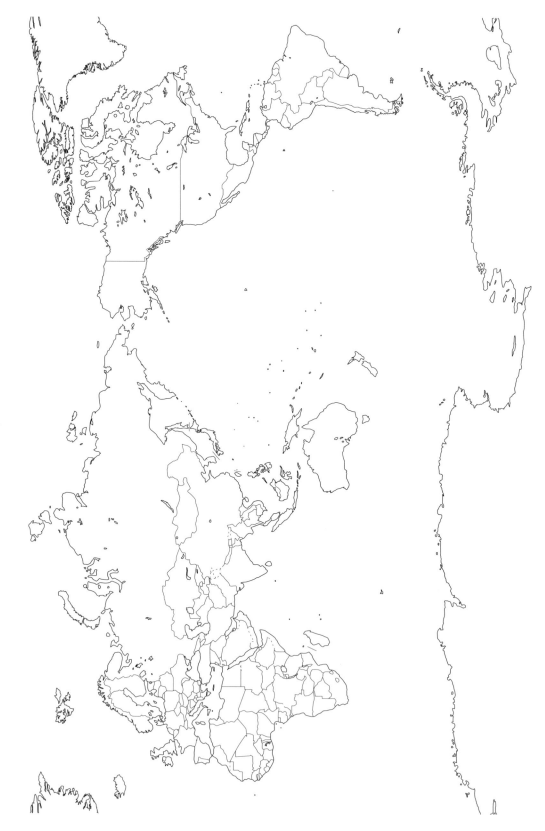

V

5年生で
身につける
活用

自由研究のヒント

研究テーマ　「日本の○○について」
テーマ例⇒①特色のあるくらし（寒い土地．雪国．高原．水郷（すいごう）．暖（あたた）かい土地）
　　　　　②地理的なこと（平地．山地．盆地（ぼんち）．湖．海流など）
　　　　　③産業（農業．林業．水産業．工業など）
　　　　　④交通．運輸（鉄道．自動車．道路．橋．港．空港．宅配便（たくはい）．貿易など）
　　　　　⑤情報通信（放送．電話．インターネット．新聞．出版など）
　　　　　⑥環境問題（四大公害病．温暖化．森林減少．酸性雨．オゾン層破壊（そうはかい）など）

１．研究の目的（水産業を例にした場合）　「日本の捕鯨（ほげい）について」

・現在の捕鯨禁止運動と日本の置かれている立場を明らかにして、今後の進む方向について考察する。

２．研究方法

①　図書館や博物館で調べる。
②　水産会社などのホームページで調べる。
③　水産会社に問い合わせてみる。

３．研究のポイント

①　鯨（くじら）を食べる国と食べない国の立場や考え方のちがいを明らかにする。
②　商業捕鯨と調査捕鯨のちがいを調べてまとめておく。
③　鯨の種類や増えている鯨、増えていない鯨の名前を調べて表にする。
④　食文化の継承（けいしょう）と環境保護の両面から望ましいあり方を考える。
⑤　日本は IWC（国際捕鯨委員会）から脱退。どのように鯨を捕り、鯨の肉が流通していくのか調べる。

【研究例】
研究テーマ（1）研究の目的（2）研究内容（3）研究方法（4）研究のポイント

1．1日の食事調べ
（1）食事の原料とその輸入国を明らかにし、日本の食糧事情を考える。
（2）①朝、昼、夜の食事内容　②それぞれの食事の原料、原料の入手先（国内生産か輸入によるものか、輸入の場合はその輸入国名）
（3）①1日の自分の食事内容　②原料のパッケージに記載されている生産地やホームページで調べる。
（4）原料を輸入に頼らない食事献立を1日分作成するとよい。

2．ある町工場の1日
（1）町工場の1日を通して中小企業のようすが分かる。
（2）①工場の1日の生産スケジュール　②生産のようす　③働く人々のようす　④商品の行方　⑤問題点
（3）町工場の見学とインタビュー
（4）日本の工業における中小企業の役割と問題点をつかみたい。

3．日本列島の自然災害日誌
（1）日本列島に起きた自然災害を調べ、国土の気候的、地形的特色を浮き彫りにする。
（2）①日本列島に起きた自然災害　②国土の気候的、地形的特徴
（3）①新聞やテレビのニュースで調べる　②本やホームページで調べる。
（4）台風、冷夏、長い梅雨、雷、地震、津波、地滑り、噴火などの自然災害を日本地図に記入していくとよい。

4．水俣病による被害
（1）水俣病による被害のようすを明らかにする。
（2）①水俣病の症状　②水俣病の歴史　③水俣病の原因　④国や自治体の対策と市民運動　⑤第二水俣病の発生　⑥現在の状況
（3）本、ホームページで調べる。可能ならば水俣市を訪ねる。
（4）過去の問題だけでなく、現状についても調べるとよい。

5年生の社会科では、いろいろな産業を学習します。私たちのまわりにあるもの、また、ちょっと足を伸ばさなければ見ることのできないものもあります。

それぞれ、実際に自分の目で見たり、触れたりすることによって、そのことが分かるばかりではなく、どうしてそうなっているのかが、見えてきます。

知識を身に付けるということも学習ですが、興味を持って楽しみながら活動することもとても大切です。いろいろなところへ見学に行く、どこかへ旅行するとき、列車や車の中から見える景色でも学習はできます。

●米の学習

教科書では、全国の米の産地で、特に生産量の多い庄内平野、越後平野などの中部・東北地方を取り上げているものがたくさんありました。

そこで、フィールドワークするには、まずその地方のJAに問い合わせてみるとよいでしょう。

庄内平野を例にあげてみます。

　　JA全農山形　　　（農家・カントリーエレベーター・農業施設の見学）
　　山形県庄内総合支庁　産業企画課　（山居倉庫・都市について）
　　庄内観光コンベンション協会　（街の歴史・産業・観光・名物）
　　日向川土地改良区　　（土地の水に関して）
　　山形県農業総合研究センター　農業生産技術試験場庄内支場　（品種改良）
　　庄内パールライス株式会社

※見学したことを、しっかりまとめておきましょう。見学で分かったこと、出会った方々、体験したことは、あなたの財産です。大切に温めてください。

●水産業

農業と同じように水産業についても調べてみましょう。

わたしたちの住む日本は、海に囲まれた国です。昔からこの海洋資源をくらしの中で巧みに活用しながら生活してきました。

地域によっては、水産業がそばに行われていないところもあるでしょう。どのようにして調べるとよいでしょうか。

調べる手だてはいろいろありますが、その一つはお魚屋さんです。お魚屋さんは毎日朝早く市場に行って仕入れをしています。季節や天気の具合で仕入れる魚もちがうことでしょう。お魚屋さんにたずねるのも一つの方法です。

また、お寿司屋さんも、毎日、魚を仕入れています。河岸に仕入れに行ったりしているので、旬の魚、魚の特徴、魚の良し悪し、どのような魚を選んだらよいのかなど、うかがうこともできます。

スーパーや魚屋さんのチェーン店などは、仕入れのちがいが見られるときがあります。小売りのお魚屋さんと比べて、値段はどうちがうでしょう。「安い！」ということは、ありませんか。

産地から船ごと買ったり、大量に仕入れることによって、価格を安くしてもらっているのです。

　このあたりのことも、スーパーの店員さんに聞いてみたりすることによって、産地の様子も分かってくることがあります。

　次に、お店の方が仕入れに行く市場を見学してみるのもよい方法でしょう。首都圏を例にあげると、大田市場、豊洲市場、千住市場（東京都）や北部市場、南部市場（神奈川県）、千葉卸売市場（千葉県）などのいくつかの市場があります。この市場に実際に行ってみましょう。

　ＴＶなどで、よく市場を見学している様子が出てくることがあります。マクロなどのセリは、午前５時頃行われていますので、相当早く行かなくてはなりません。

　市場の様子をじっくり観察すると、エビばかりをあつかう店、いろいろな種類の貝が置いてある店などいろいろあります。外国から運ばれてくる魚、日本の各地方から運ばれてくる魚などの箱を見ているだけでもたくさんのことが分かります。

　その魚を箱につめて、お店まで新鮮に運ぶための氷はどうするのでしょう。もちろん、市場の中に製氷工場もあるのです。

　市場には、魚の資料館や魚のことを集めた図書室もあります。

　東京都の例
　　　東京都中央卸売市場
　　　（ホームページには、子ども向きの説明もあります）
　　　横浜市中央卸売市場

●おすすめの場所‥‥

〈１〉田尻海洋交流センター
　　　〒598−0093　大阪府泉南郡田尻町りんくうポート北１番
　　　TEL072−465−0099
　　　ホームページ「田尻漁業協同組合」
　　　関空を目の前にして漁船に乗り込み、あなご籠漁の体験漁業ができます。事前に相談して、田尻漁協の協力を得てお話をしていただくことも可能です。

〈２〉カップヌードルミュージアム横浜
　　　〒231−0001　横浜市中区新港２−３−４
　　　TEL045−345−0918
　　　ホームページ「カップヌードルミュージアム横浜」
　　　体験工房やインスタントラーメンに関する展示があります。

〈3〉 カップヌードルミュージアム大阪池田

〒563-0041　大阪府池田市満寿美町 8-25

TEL072-752-3484

ホームページ「カップヌードルミュージアム大阪池田」

体験工房やインスタントラーメンに関する展示があります。

〈4〉 トヨタ博物館

〒480-1131　愛知県愛知郡長久手町大字永長萩字横道 41-100

TEL0561-63-5151

ホームページ「トヨタ博物館」

自動車誕生から現在までの歴史を紹介しています。

〈5〉 竹中大工道具館

〒650-0004　兵庫県神戸市中央区中山手通 4-18-25

TEL078-242-0216

ホームページ「竹中大工道具館」

木造建築に欠かせないのこぎりなどの大工道具類が見られます。

〈6〉 日本新聞博物館

〒231-8311　神奈川県横浜市中区日本大通り 11

TEL045-661-2040

ホームページ「日本新聞博物館」

歴史ゾーン、現代ゾーンで新聞のことが分かり、エアロバイクに乗って新聞配達の体験もできます。

〈7〉 神奈川県立 21 世紀の森

〒250-0131　神奈川県南足柄市内山 2870-5

TEL（0465-72-0404）

ホームページ「県立 21 世紀の森」

107 ヘクタールの森林の中にある森林館。森林がどのようにつくられ、わたしたちの生活にどのように役立っているかが学べる。林業教室や木工教室もある。

〈8〉 森林文化協会

　　〒104-8011　東京都中央区築地5-3-2　朝日新聞社内
　　TEL（03-5540-7686）
　　ホームページ「森林文化協会」
　　森林を守り、自然と共生していくために、朝日新聞社のよびかけで設立された財団。
　　滋賀県朽木村と群馬県沼田市に、森林について学べる研修所があり、子ども向けの
　　プログラムもある。

〈9〉 神戸市立森林植物園

　　〒651-1102　兵庫県神戸市北区山田町上谷上字長尾1-2
　　TEL（078-591-0253）
　　ホームページ「神戸市立森林植物園」
　　六甲山（ろっこうさん）をはじめ日本や世界各地の代表的な樹木（じゅもく）、約1200種類を原産地別に植栽さ
　　れている、総面積142ヘクタールの植物園。森林展示館には、世界一の巨木（きょぼく）「ジャ
　　イアントセコイア」の輪切り（樹齢（じゅれい）約2000年）をシンボルとして、森林について
　　学べる。

● おすすめホームページ ……………………………………………………………………………………

　　公益財団法人日本博物館協会
　　全国の博物館ランキング TOP10 − じゃらん net
　　全国の博物館人気ランキング観光・旅行ガイド−ぐるなび
　　全国の博物館／科学館一覧−NAVITIME

　　「全国の博物館」で検索するといろいろなホームページに接続できます。

トピックス１　地理的環境と人々の生活

夢の国　新エリア

東京ディズニーリゾート（TDR）を運営するオリエンタルランド（TDS、千葉県浦安市）の新エリアの起工式を行い、名称は21日、2022年度中に開業予定の東京ディズニーシー（TDS、千葉県浦安市）の

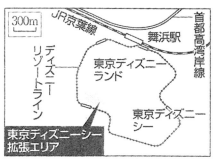

▲記念撮影に臨むオリエンタルランドの加賀見会長（中央右）、米ウォルト・ディズニーのロバート・アイガーCEO（同左）ら（21日、千葉県浦安市で）

ディズニーシー 22年度に「アナ雪」

を「ファンタジースプリングス」に決めたと発表した。

新エリアはTDSで八つ目のエリアとなり、ディズニー映画「アナと雪の女王」や「塔の上のラプンツェル」「ピーター・パン」の世界を再現したアトラクションが楽しめる。

起工式で、オリエンタルランドの加賀見俊夫会長は「東京ディズニーシーにしかないすばらしい体験を提供できる」と話した。米ウォルト・ディズニーのロバート・アイガー最高経営責任者（CEO）も出席し、「新たな魔法の世界の幕開けを心待ちにしている」と述べた。新エリアの面積は約10万平方㍍。TDRで最上位クラスの高級ホテルやレストランも建設する。投資額は約2500億円で、TDS開業以来最大規模となる。

📱🔍動画

『読売新聞』2019年5月21日夕刊より

✏️🔍記事を読んで、どのようなことを考えましたか。
日本や外国にはどのようなテーマパークがあるのでしょうか。
テーマパークがある地いきではどんないいことがあるでしょうか。

小笠原に新種の水生昆虫

世界自然遺産の小笠原諸島（東京都小笠原村）で新種の水生昆虫「オガサワラセスジダルマガムシ」が見つかった。小笠原諸島でダルマガムシ科の新種発見は初めてという。小笠原諸島は近年、渇水が深刻化していて生息環境が危ぶまれ、発見チームは「環境について考える契機にしたい」としている。

研究チームが発見

小笠原自然文化研究所などのチームが東京都の委託で行った現地調査で見つけ、ブルガリアの国際動物学誌ズーキーズに発表した。セスジダルマガムシは湿地や渓流、海岸の岩礁などに生息する体長数ミリの水生の甲虫で、国内では14種が確認されている。

チームによると、オガサワラセスジダルマガムシ＝写真・同研究所の佐々木哲朗さん提供＝は体長約2ミリ。2017年、父島の南東部や兄島、弟島の海岸沿いを調査し、ほぼ垂直の崖から染み出す湧き水の中で発見した。小笠原諸島は近年、雨が長期間降らないことによる渇水が深刻となり、兄島では昨年、多くの湧き水が干上がってオガサワラセスジダルマガムシを確認できなかった。

チームの一員で神奈川県立生命の星・地球博物館の苅部治紀主任学芸員は「新種発見は明るいニュース。一方で、渇水に影響しているだろう気候変動を考えるきっかけになれば」と話す。【荒木涼子】

『毎日新聞』2019年6月26日朝刊より

記事を読んで、どのようなことを考えましたか。
日本の世界自然遺産にはどのような歴史があるのでしょうか。
世界にはどのような世界自然遺産があるのか、その歴史を調べてみましょう。

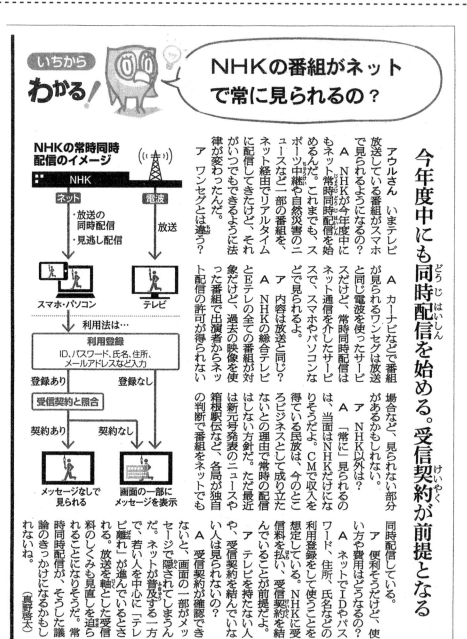

いちからわかる！

NHKの番組がネットで常に見られるの？

今年度中にも同時配信を始める。受信契約が前提となる

NHKの常時同時配信のイメージ

ネット
・放送の同時配信
・見逃し配信

電波
放送

スマホ・パソコン　　テレビ

↓　利用法は…

利用登録
ID、パスワード、氏名、住所、メールアドレスなど入力

登録あり　　　　登録なし

受信契約と照合

契約あり　　　契約なし

メッセージなしで見られる　　画面の一部にメッセージを表示

アウルさん　いまテレビ放送している番組がスマホで見られるようになるの？

Ａ　ＮＨＫが今年度中にもネット常時同時配信を始めるんだ。これまでも、スポーツ中継や自然災害のニュースなど一部の番組を、ネット経由でリアルタイムに配信してきたけど、それがいつでもできるように法律が変わったんだ。

ア　ワンセグとは違う？

Ａ　カーナビなどで番組が見られるワンセグは放送と同じ電波を使ったサービスだけど、常時同時配信はネット通信を介したサービスで、スマホやパソコンなどで見られるよ。

ア　内容は放送と同じ？

Ａ　ＮＨＫの総合テレビとＥテレの全ての番組が対象だけど、過去の映像を使った番組で出演者からネット配信の許可が得られない箱根駅伝など、各局が独自の判断で番組をネットでも放送しているワンセグが見られない場合など、見られない部分があるかもしれない。

ア　ＮＨＫ以外は？

Ａ　「常に」見られるのは、当面はＮＨＫだけになりそうだよ。ＣＭで収入を得ている民放は、今のところビジネスとして成り立たないとの理由で常時の配信はしない方針だ。ただ最近は新元号発表のニュースや

ア　便利そうだけど、使い方や費用はどうなるの？

Ａ　ネットでＩＤやパスワード、住所、氏名などの利用登録をして使うことを想定している。ＮＨＫに受信料を払い、受信契約を結んでいることが前提だよ。

ア　テレビを持たない人や、受信契約を結んでいない人は見られないの？

Ａ　受信契約が確認できないと、画面の一部がメッセージで隠されてしまうんだ。ネットが普及する一方で、若い人を中心に「テレビ離れ」が進んでいるとされる。放送を軸とした受信料のしくみも見直しを迫られることになりそうだ。常時同時配信が、そうした議論のきっかけになるかもしれないね。

（真野啓太）

2019・6・6　■質問のテーマを募っています。あて先は　wakaru@asahi.com

『朝日新聞』2019年6月6日朝刊より

記事を読んで、どのようなことを考えましたか。
NHKの番組がネットで見られることの問題はどんなことでしょうか。
これから先、ネットではどのようなことができるのか予想してみましょう。

VI
6年生で
身につける
基礎

●国民主権

日本国憲法では、国の政治のあり方を決めることができる主権者は、国民であるとしています。

【国民主権】

・国会に対して、話し合いの代表者である議員を（　　　　①　）によって選びます。

・最高裁判所に対して、裁判官の（　　　　②　）をして裁判所をかんとくします。

・地方公共団体に対して、知事や市（区）町村長を選んだり、条例などの（　　　　③　）をしたりします。

・憲法改正の場合、（　　　　④　）によって最終的に改正するかどうかが決まります。

【象徴としての天皇】

天皇は、国や国民のまとまりのしるし（象徴）とされています。そのため、天皇は憲法で定められた仕事を、内閣の助言と承認にもとづいて行います。天皇の主な仕事を、国事行為といいます。

●平和主義

第9条　日本国民は、正義と秩序を基調とする国際平和を誠実に希求し、国権の発動たる戦争と、武力による威嚇または武力の行使は、国際紛争を解決する手段としては、永久にこれを放棄する。前項の目的を達するため、陸海空軍その他の戦力は、これを保持しない。国の交戦権は、これを認めない。

日本国憲法では、第9条で徹底した平和主義を唱えています。また、国会と政府は、戦争と原爆の被害をくり返さないために「核兵器を（　　　　⑤　）、（　　　　⑥　）、（　　　　⑦　）」という非核三原則を宣言して、世界に平和の大切さを訴えています。

●基本的人権の尊重

第11条　国民は、すべての基本的人権の享有を妨げられない。この憲法が国民に保障する基本的人権は、侵すことのできない永久の権利として、現在及び将来の国民にあたえられる。

日本国憲法では、さまざまな基本的人権を国民に保障しています。

・（　　　　⑧　）権：言論や宗教・学問や集会・結婚の自由

・（　　　　⑨　）権：男女の平等や教育の平等

・（　　　　⑩　）権：最低限度の生活を送り、教育を受け、仕事について働く権利

・（　　　　⑪　）権：政治に参加する権利

・（　　　　⑫　）を受ける権利

国民投票は、国民が直接的な投票によって決定することができる制度です。日本国憲法の改正は直接投票した数の過半数が必要です。18歳以上の国民に投票権があります。

　国は、国民が納めた税金などをもとにして、様々なことにお金を使います。何に対してどのくらいお金を使っているか、グラフから読み取りましょう。

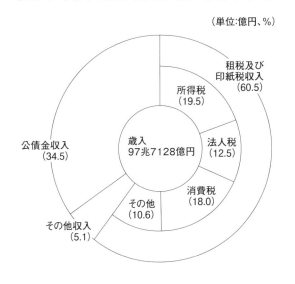

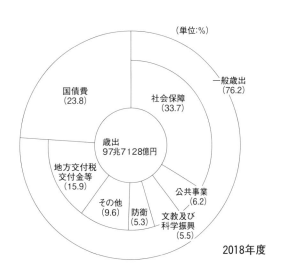

2018年度

ア　国の歳入の中で最も金額が大きいのは、（　　　①　　　）です。これは国が国民から集めたお金や、国が活動して得たお金です。

イ　アだけでは足りない分を借りたお金で（　　　②　　　）といいます。

ウ　国の歳出の中で最も金額が大きいのは（　　　③　　　）です。これは、けがや病気などで収入が得られない人々の生活を支えたり、高齢の人々に年金を支払ったりするためのお金です。

エ　イで借りたお金を返すためのお金で（　　　④　　　）といいます。

オ　国民同士、住んでいる地域によって生活水準などであまり差が起きないよう、税収の少ない地域に支払われるお金で（　　　⑤　　　）といいます。

カ　歳出の中にはその他にも、国と国民の安全を守るための（　　　⑥　　　）、学校や科学技術のための（　　　⑦　　　）、国民生活を便利にするために道路を整備したりする（　　　⑧　　　）などがあります。

　国のお金の使い方についてくわしく説明しているホームページがあります。自分で理想の予算をつくったりすることもできます。（国税庁ホームページ　http://www.nta.go.jp）

　国が取り組む政治について決めるのが、国会です。国会は衆議院と参議院の二つに分かれていて、しんちょうに話し合いが行われています。このようなしくみを二院制といいます。次のことについて調べてみましょう。

◎　衆議院と参議院のちがい

衆議院		
議員数	①	人
任期	②	年
解散	③	

参議院		
議員数	④	人
任期	⑤	年
解散	⑥	

◎　法律ができるまで

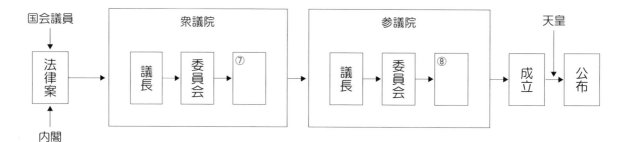

◎　国会の仕事

ア　国の（　　　　⑨　　　　）（＝政治を行う上でのルール）を決める。

イ　国の（　　　　⑩　　　　）（＝税金の使い方）を決める。

ウ　国会議員の中から（　　　　　　　　　⑪　　　　）（＝国の政治を行う最高責任者）を選ぶ。

エ　内閣が外国と結んだ条約を認めるかどうかを決める。

オ　国の政治をかんとくする。

カ　やめさせるべきだとのうったえのあった裁判官を裁判する。

キ　3分の2以上の議員の賛成により、憲法改正の提案を行う。

　　一般に向けた放送の実現のため、1998年からインターネットによる国会審議中継が行われています。このしくみがあれば、世界中から国会審議をみることができます。録画中継も行っているので、過去の審議についてもみることができます。

　　衆議院TV　http://www.shugiintv.go.jp/

　　参議院インターネット審議中継　http://www.webtv.sangiin.go.jp/webtv/index.php

　国会議員は、国民が選挙によって選んだ、国の政治について話し合う代表者です。選挙は、私たちの住む地域でも行われます。選挙は、私たちの考えを政治に反映させ、ねがいを実現させるための大切なしくみです。

次のことについて書き込んでみましょう。

◎　投票できる年れいと立候補できる年れい

①　投票できる年れい

　　どの選挙でも、投票できる年れいは（　　①　）歳以上です。選挙で投票できる権利を選挙権といいます。

②　立候補できる年れい

国	衆議院議員	（　②　）歳以上
	参議院議員	（　③　）歳以上
地方	都道府県知事	（　④　）歳以上
	市区町村長	（　⑤　）歳以上
	都道府県議会議員	（　⑥　）歳以上
	市区町村議会議員	（　⑦　）歳以上

◎　選挙のしくみ

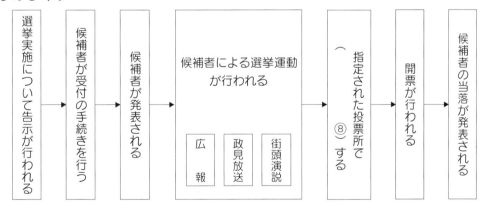

選挙実施について告示が行われる　→　候補者が受付の手続きを行う　→　候補者が発表される　→　候補者による選挙運動が行われる（広報／政見放送／街頭演説）　→　指定された投票所で（　⑧　）する　→　開票が行われる　→　候補者の当落が発表される

※投票率が低くなってきて、政治に対する私たちの考え方が十分に反映されなくなることが、問題となっています。どうすれば選挙へ行く人が多くなるのか、考えてみましょう。

　10歳以上の国民は、国会の本会議、委員会を傍聴することができます。傍聴するには傍聴券が必要で、一般傍聴と議員紹介傍聴の二つの方法があります。一般傍聴券は参観受付などで、開会30分前から先着順に、一人1枚ずつ受け取れます。

1　次の（　　　）中に言葉を入れましょう。

●内閣と内閣総理大臣

　内閣総理大臣は（　　　　　　　　　①）の中から選ばれます。国の政治を行う最高責任者です。内閣総理大臣は、各 省 庁の責任者を選びます。そこで選ばれた人々を（
　　　　　②）と言います。

●内閣の仕事

ア　国の歳 入 （お金）の使い方である（　　　　③）を作成し、国会に提出する。

イ　政治を行うためのルールである（　　　　④）を作成し、国会へ提出する。

ウ　（　　　　⑤）を結んだり、外国との交 渉を行う。

エ　憲法や法律の範囲内で（　　　　⑥）を制定する。

オ　天皇が行う仕事（国事行為）に対して助言と承 認を行う。

カ　最高裁判所長官を指名し、その他の裁判官を任命する。

●裁判所

　裁判官は、良心と憲法・法律のみにしたがって裁判を行い、その身分は強く保障されている。

　裁判所には、法律・命令・規則などが憲法に違反していないかどうかを審査する（
　　　　⑦）が与えられている。

　裁判の誤りを防ぎ、慎 重に判断するため、同じ事件について３回まで裁判を受けることができるしくみを（　　　　⑧）という。

　裁判員制度は（　　　　⑨）が裁判員として裁判に参加する制度である。（　　　　　⑨）が裁判に参加することにより、（　　　　　⑨）の感覚や視点を裁判にいかし、裁判への関心を高めることを目的とされている。

2　それぞれの（　　　　）にあてはまる記号を選んで書き入れましょう。

●三権分立

ア　選挙
イ　世論
ウ　国民審査
エ　衆議院の解散
オ　内閣不信任の決議
カ　弾劾裁判所の設置
キ　違憲立法の審査
ク　最高裁判所長官の指名
ケ　命令・処分の違憲審査

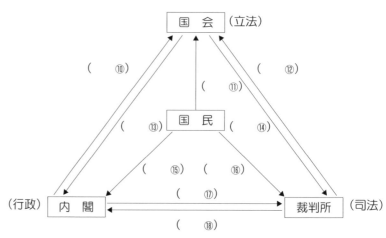

１年間の国民の祝日を書き込みましょう。

・１月１日　　　　　（　　　　　　　　　　　　　　　　　①）

・１月の第２月曜日　（　　　　　　　　　　　　　　　　　②）

・２月11日　　　　　（　　　　　　　　　　　　　　　　　③）

・２月23日　　　　　（　　　　　　　　　　　　　　　　　④）

・３月21日ごろ　　　（　　　　　　　　　　　　　　　　　⑤）

・４月29日　　　　　（　　　　　　　　　　　　　　　　　⑥）

・５月３日　　　　　（　　　　　　　　　　　　　　　　　⑦）

・５月４日　　　　　（　　　　　　　　　　　　　　　　　⑧）

・５月５日　　　　　（　　　　　　　　　　　　　　　　　⑨）

・７月の第３月曜日　（　　　　　　　　　　　　　　　　　⑩）

・８月11日　　　　　（　　　　　　　　　　　　　　　　　⑪）

・９月の第３月曜日　（　　　　　　　　　　　　　　　　　⑫）

・９月23日ごろ　　　（　　　　　　　　　　　　　　　　　⑬）

・10月の第２月曜日　（　　　　　　　　　　　　　　　　　⑭）

・11月３日　　　　　（　　　　　　　　　　　　　　　　　⑮）

・11月23日　　　　　（　　　　　　　　　　　　　　　　　⑯）

2020年以降「体育の日」の名称は「スポーツの日」に改められます。2020年だけは「スポーツの日」が東京オリンピック開会式の７月24日に移動し、「海の日」が７月23日になります。

地図中の（　　）にあてはまる記号を入れましょう。

ア　野尻湖遺跡 [旧石器]

イ　三内丸山遺跡 [縄文]

ウ　吉野ヶ里遺跡 [弥生]

エ　大山（大仙）古墳 [古墳]

オ　法隆寺 [飛鳥]

カ　東大寺 [奈良]

キ　平等院鳳凰堂 [平安]

ク　鶴岡八幡宮 [鎌倉]

ケ　金閣（鹿苑寺）[室町]

コ　種子島（鉄砲伝来）[安土桃山]

サ　日光東照宮 [江戸]

シ　出島 [江戸]

ス　五稜郭 [江戸]

セ　足尾銅山 [明治]

ソ　八幡製鉄所 [明治]

タ　原爆ドーム [昭和]

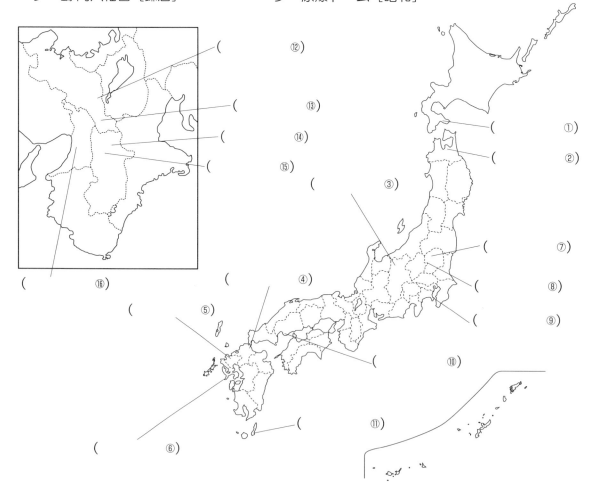

8 時代区分

時代の名前を書きましょう（時代順）。

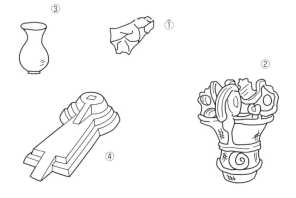

（1）ものによる分け方

（　　　　　　　　①）時代

（　　　　　　　　②）時代

（　　　　　　　　③）時代

（　　　　　　　　④）時代

（2）政治の中心地による分け方

ア（　　　　　　　　⑤）時代

イ（　　　　　　　　⑥）時代

ウ（　　　　　　　　⑦）時代

エ（　　　　　　　　⑧）時代

オ（　　　　　　　　⑨）時代

カ（　　　　　　　　⑩）時代

キ（　　　　　　　　⑪）時代

✏🔍政治の中心地はどこだったのでしょうか。

（3）元号による分け方

（　　　　　　　　⑫）時代

（　　　　　　　　⑬）時代

（　　　　　　　　⑭）時代

（　　　　　　　　⑮）時代

（　　　　　　　　⑯）時代

9　旧国名 6年

1　普段使っている言葉から、むかしの国を探しましょう。

2　あなたが住んでいる都道府県は、なんと呼ばれていましたか。
（　　　　　　　　　　　　　）

3　下のように現在でもむかしの国名が使われている言葉がたくさんあります。それぞれ
どこでしょうか。地図で探しましょう。

ア　因幡のしろうさぎ　　　　　　コ　河内音頭
イ　阿波おどり　　　　　　　　　サ　土佐犬
ウ　薩摩いも・薩摩あげ　　　　　シ　越前がに
　　薩摩じる　　　　　　　　　　ス　大和朝廷
エ　伊賀のにんじゃ　　　　　　　セ　琉球ガラス
オ　佐渡おけさ　　　　　　　　　ソ　蝦夷鹿
カ　三河屋　　　　　　　　　　　タ　近江牛
キ　讃岐うどん　　　　　　　　　チ　備前焼
ク　丹波の黒豆　　　　　　　　　ツ　加賀友禅
ケ　伊予かん　　　　　　　　　　他にどんなものがあるかな？

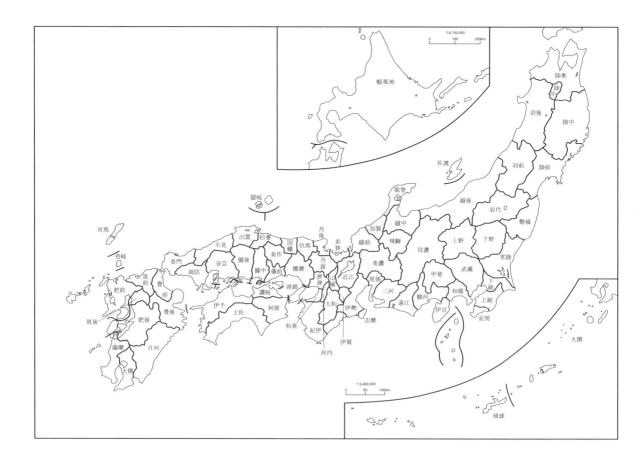

94

（　　　　　　）には言葉を、〔　　　　　　〕には人名を入れましょう。

紀元前14000年〜
紀元前1000年ごろ（　　　　　　①）時代

紀元前6世紀ごろ〔　　　　　　②〕が仏教を起こした。

紀元前4世紀ごろ（　　　　　　③）から米づくりや金属器が伝わった。

紀元前3世紀〜
紀元後3世紀ごろ（　　　　　　④）時代

1世紀ごろイエス・キリストが（　　　　　　⑤）を起こした。

2世紀ごろ（　　　　　　⑥）の使用が始まる。

239年（　　　　　　⑦）の女王
　　　　〔　　　　　　⑧〕が魏（今の中国）に使いを送った。

4世紀ごろ（　　　　　　⑨）が国土の統一を進めた。

5世紀ごろ　このころ（　　　　　　⑩）がつくられた。

538年【552年の説もある】（　　　　　　⑪）が伝来する

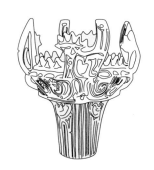

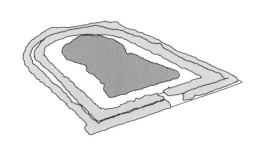

（　　　　　）には言葉を、［　　　　　］には人名を入れましょう。

593年　［　　　　　　　　　　①］が摂政となり推古天皇をたすける。

603年　聖徳太子が（　　　　　　　　　②）の制度を定める。

604年　聖徳太子が（　　　　　　　　　③）を定める。

607年　小野妹子が遣隋使として中国へ行く。
　　　　法隆寺が建てられる。

630年　遣唐使が始まる。

645年　（　　　　　　　　　④）が行なわれる。

701年　大宝律令が定められる。

710年　（　　　　　⑤）に都が移される。

712年　「古事記」ができる。

720年　「日本書紀」ができる。

743年　［　　　　　　　　⑥］が東大寺に大仏を建てることを命じる。
　　　　墾田永年私財法が定められる。

752年　東大寺の大仏ができる。

754年　唐から［　　　　　⑦］が日本に来る。

　　　※　このころ「万葉集」ができる。

784年　都を長岡京に移す。

（　　　　　　）には言葉を、［　　　　　　］には人名を入れましょう。

794 年 桓武_{かんむ}天皇が都を京都に移す（　　　　　　　　①）。

805 年 最澄_{さいちょう}が天台宗_{てんだい}を開く。

806 年 空海が（　　　　　　　②）を開く。

894 年 ［　　　　　　　③］の意見で遣唐使_{けんとうし}をやめる。

905 年 「古今_{こきん}和歌集」ができる。

935 年 ［　　　　　　④］の乱がおこる。

939 年 藤原純友_{ふじわらのすみとも}の乱がおこる。

　　　※このころ「枕草子」「源氏物語」ができる。

1016 年 ［　　　　　　⑤］が摂政_{せっしょう}になる。

1053 年 藤原頼通_{よりみち}が（　　　　　　　　⑥）を建てる。

1086 年 白河上皇_{しらかわじょうこう}が（　　　　　　⑦）を始める。

1156 年 保元_{ほうげん}の乱が起こる。

1159 年 （　　　　　　　⑧）の乱が起こる。

1167 年 ［　　　　　　⑨］が太政大臣_{だいじょうだいじん}になる。

1185 年 壇ノ浦_{だんのうら}の戦いで（　　　　　⑩）が滅びる。

（　　　　　　　）には言葉を、［　　　　　　　］には人名を入れましょう。

1192年　［　　　　　　　　①］が征夷大 将 軍となり鎌倉幕府を開く。

1203年　［　　　　　　　　②］が東大寺南大門の金剛力士像をつくる。

1219年　源 実朝が殺され、源氏が三代で絶える。

1221年　（　　　　　　　　③）の乱が起こる。

1224年　親鸞が浄土真 宗を開く。

1232年　北条泰時が（　　　　　　　　④）をつくる。

　　　　　※このころ「平家物語」がつくられる。

1253年　日蓮が日蓮 宗を開く。

1274年　元が攻めてくる（　　　　　　　　⑤）。

1281年　元が再び攻めてくる（弘安の役）

　　　　　二度元が攻めてきたときの執権は［　　　　　　　　⑥］である。

1333年　（　　　　　　　　⑦）が滅びる。

1334年　後醍醐天皇が（　　　　　　　　⑧）を始める。

（　　　　　　　）には言葉を、［　　　　　　　］には人名を入れましょう。

1338 年　［　　　　　　　　　　　①］が京都に幕府を開く。

1378 年　足利義満が室町に幕府を移す。

1397 年　足利義満が（　　　　　　　　②）を建てる。

1404 年　足利義満が明と勘合貿易を始める。

1467 年　（　　　　　　③）の乱が起こる。

1489 年　［　　　　　　　　④］が銀閣を建てる。

1543 年　ポルトガル人が（　　　　　　⑤）を伝える。

1549 年　［　　　　　　　　　　　⑥］がキリスト教を伝える。

1573 年　［　　　　　　　⑦］が室町幕府を滅ぼす。

1582 年　織田信長が明智光秀に殺される（本能寺の変）。
　　　　　豊臣秀吉が明智光秀を破る。

1583 年　豊臣秀吉が（　　　　　　⑧）を築く。

1590 年　豊臣秀吉が全国を統一する。

1592 年　豊臣秀吉が朝鮮に兵を出す（　　　　　　　　⑨）。

1597 年　豊臣秀吉が再び朝鮮に兵を出す（慶長の役）。

1600 年　（　　　　　　⑩）が起こる。

（　　　　　　　　）には言葉を、［　　　　　　　］には人名を入れましょう。

1603 年　［　　　　　　　　　　　①］が征夷大 将 軍となり、江戸幕府を開く。

1615 年　大坂夏の陣で豊臣氏が滅びる。
　　　　　幕府が（　　　　　　　　　　　　②）を定める。

1634 年　長崎に（　　　　　　　③）をつくる。

1635 年　徳川家光が（　　　　　　④）を制度化する。

1637 年　（　　　　　　　⑤）の乱が起こる。

1639 年　鎖国が完成する。ポルトガル船来航禁止。

1643 年　田畑永代売買の禁を定める。

1673 年　［　　　　　　　　⑥］が呉服店（越後屋）を開く。

　　　　※ 17 世紀末　大阪・京都を中心に町人の文化が栄える（　　　　　　　⑦）。

浮世草子（井原西鶴）　人形 浄瑠璃・歌舞伎（近松門左衛門）
俳句（松尾芭蕉）

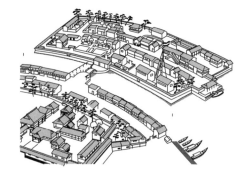

（　　　　　　　　）には言葉を、[　　　　　　　　]には人名を入れましょう。

1716 年　徳川吉宗が（　　　　　　　　　　①）を行う。
　　　　　目安箱の設置、江戸の町火消しをつくる。

1774 年　杉田玄白らが（　　　　　　　　②）を出版する。

1787 年　松平定信が（　　　　　　　　　③）を行う。

1800 年　[　　　　　　　　　④] が全国の測量を開始する（1821 年に日本地図が完成する）。

1837 年　幕府役人 [　　　　　　　⑤] の乱。

1841 年　水野忠邦が（　　　　　　　⑥）を行う。

　　　　　※ 19 世紀初め　江戸を中心に町人の文化が栄える（　　　　　　　⑦）。

　　　滑稽本（十返舎一九）　読本（滝沢馬琴）　川柳（柄井川柳）
　　　浮世絵（歌川広重、葛飾北斎、喜多川歌麿、東洲斎写楽）

1853 年　アメリカの [　　　　　　　⑧] が浦賀にきて開国をせまる。

1854 年　（　　　　　　　⑨）を結ぶ。

1858 年　日米修好通商条約を結ぶ。

1866 年　薩摩藩と長州藩が連合する。

1867 年　15 代将軍徳川慶喜が（　　　　　　　⑩）する。
　　　　　（江戸幕府が滅びる）

（　　　　　　）には言葉を、［　　　　　　］には人名を入れましょう。

1868 年　（　　　　　　　　　　　　　　　①）が出される。明治維新。

1869 年　都を東京に移す。

　　　　　（　　　　　　　　　　　　　②）が行われる。

1871 年　藩を廃止して県を置く（　　　　　　　　　　　　③）。

　　　　　（　　　　　　　　　　　　④）に使節団を送る。

1872 年　（　　　　　　　　　⑤）製糸場が完成する

　　　　　新橋と横浜の間に（　　　　　　　　⑥）が開通する。

　　　　　学制が定められ、全国に（　　　　　　　⑦）がつくられる。

1873 年　（　　　　　　　　　⑧）が定められ、男子は軍隊に入ることが義務づけられる。

　　　　　地租改正が行われる。

1876 年　廃刀令が出される。

1877 年　不平士族の反乱が相次ぎ、［　　　　　　　　⑨］を指導者とする西南戦争が
　　　　　起こる。

　　　　　※このころ自由民権運動が起こる。

（ 　　　　　 ）には言葉を、[　　　　　]には人名を入れましょう。

1881 年　政府が議会を開くことを約束する。

1886 年　（ 　　　　　　　　　　 ① ）号事件が起き、条約改正の声が高まる。

1889 年　天皇が主権者であることを定めた（ 　　　　　　　　　　 ② ）が公布。

1889 年　北里柴三郎が破傷 風の治療 法を発見する。

　　　　　この後、志賀潔や黄熱病を研究した [　　　　　　　　　 ③] など日本人の科学者が
　　　　　国際社会で認められるようになっていった。

1890 年　第 1 回（ 　　　　　　　　　　 ④ ）が開かれる。

1894 年　陸奥宗光が（ 　　　　　　　　　　 ⑤ ）廃止に成功する。

　　　　　中国（清）との対立が深まり、（ 　　　　　　　　　 ⑥ ）戦争が起きる。

1904 年　ロシアとの対立が深まり、（ 　　　　　　　　　 ⑦ ）戦争が起きる。

　　　　　[　　　　　　　　　 ⑧] が戦争に反対する詩を発表する。

1910 年　日本は朝 鮮半島の支配を強め植民地とする（ 　　　　　　　　　 ⑨ ）。

1911 年　小村寿太郎が（ 　　　　　　　　　 ⑩ ）回復に成功する。
　　　　　条約改正の達成。

（　　　　　　）の中に入る言葉を入れましょう。

1914年　ドイツ・オーストリア・イタリアとイギリス・フランス・ロシアの対立から
～1918年（　　　　　　　　①　）が始まる。

　　　　日本と（　　　　　　　　②　）は日英同盟を結んでいたので戦争に参加する。

1917年　ロシアで革命が起き日本も（　　　　　　　③　）する。

1918年　戦争でもうけた日本は物価が上がり（　　　　　　　④　）があちこちで起きた。
　　　　原 敬が（　　　　　　　⑤　）をつくる。

1919年　帝国憲法発布30周年を記念して（　　　　　　　⑥　）がさかんになりはじめる。

1920年　第一次世界大戦をうけて日本・アメリカ・イギリス・フランス・イタリアが中心に
　　　　（　　　　　　⑦　）ができる。
　　　　労働者が団結し（　　　　　　　⑧　）が初めて行われる。

1923年　関東地方を（　　　　　　　⑨　）がおそい、たくさんの死者がでる。

1925年　（　　　　　　⑩　）を制定するとともに（　　　　　　　⑪　）が一緒に公布される。

（　　　　　　　）に言葉を入れましょう。

1929 年　ニューヨークで（　　　　　　　　　①）が起こる。

1931 年　日本が中国東北部（満州）で（　　　　　　　②）を起こす。

1932 年　中国東北部に（　　　　　　③）という国をつくる。
　　　　　犬養首相を暗殺した（　　　　　④）事件が起きる。

1933 年　満州国の建国のことで（　　　　　　　⑤）を脱退する。

1936 年　陸軍の一部が（　　　　　⑥）事件で政府を倒そうとする。

1937 年　日本と（　　　　　⑦）が戦争状態になる。

1940 年　日本は（　　　　　⑧）と三国同盟を結ぶ。

1941 年　（　　　　　　⑨）が始まる。

1945 年　（　　　　⑩）（　　　　⑪）に原子爆弾が落とされる。
　　　　　日本が戦争に負ける。

（　　　　　　　）に言葉を入れましょう。

1946 年　日本国憲法が（　　　　　　　　　①）され、1947 年に施行される。

1949 年　湯川秀樹がノーベル物理学賞を受賞する。

1951 年　サンフランシスコで（　　　　　　　　　②）が結ばれ主権が回復される。同時に日米
　　　　　（　　　　　　　③）条約が結ばれる。

1956 年　（　　　　　　　　④）に加盟する。

1964 年　アジアで初めて東京（　　　　　　　　　　　　⑤）が開かれる。
　　　　　東海道（　　　　　　　　⑥）が開通し、東京・大阪間が 3 時間になる。

1970 年　大阪で万国（　　　　　　　⑦）が開かれる。

1972 年　札幌で冬季（　　　　　　　⑧）が開かれる。

1978 年　日本と中国は日中（　　　　　　　⑨）条約を結ぶ。

1989 年　昭和時代が終わる。

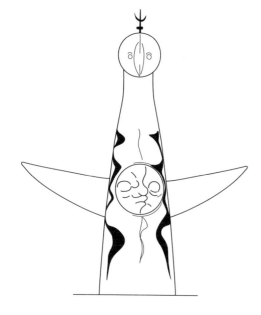
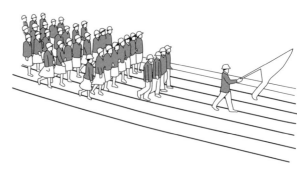

（　　　　　　　）には言葉を入れましょう。

1991 年　クウェートにイラクが侵攻し（　　　　　　　　　　①）が始まった。

1993 年　日本プロサッカーリーグ（　　　　　　　②）が始まった。

1994 年　大阪に（　　　　　　③）が開港した。

1995 年　神戸を中心に発生した（　　　　　　　　④）で 6000 人以上がなくなった。
　　　　　東京では、地下鉄に（　　　　⑤）がまかれ、11 人がなくなり、5000 人以上の重軽
　　　　　傷者をだした。

2001 年　世界貿易センタービルに飛行機がつっこんだテロが発生、（　　　　　　⑥）テロと
　　　　　呼ばれている。

2002 年　サッカーワールドカップを日本は（　　　　　　⑦）と一緒に開いた。

2003 年　日本産最後の（　　　　　⑧）がなくなり、絶滅した。
　　　　　イラクと（　　　　　⑨）を中心とした国々の戦争が始まった。

2007 年　中越沖地震で（　　　　⑩）県を中心に大きな被害が出た。

2009 年　8 月に行われた衆議院選挙で（　　　　　⑪）が過半数の議席を取り、政権が交代した。

2010 年　小惑星探査衛星（　　　　　⑫）が、7 年におよぶ宇宙の旅から帰還した。

2011 年　3 月に（　　　　⑬）大震災が起きる。

2012 年　12 月に行われた衆議院選挙で（　　　　⑭）中心の政権に交代した。

2013 年　東京オリンピック・パラリンピックが（　　　　　⑮）年に開催されることが決定。

2016 年　（　⑯）歳以上の人が日本で初めて選挙を行う。

2019 年　令和時代が始まる
　　　　　ラグビーの（　　　　⑰）が日本で開催された。
　　　　　10 月に消費税が（　⑱）％に引き上げられた。

2020 年　東京で 2 回目の（　　　　　　　　⑲）が開催される。

3つのヒントから、その人物の名前を漢字で書きましょう。

1　女王　　邪馬台国（やまたいこく）　　まじない

①

2　十七条憲法（けんぽう）　　摂政（せっしょう）　　冠位十二階（かんいじゅうにかい）

②

3　外交官　　遣隋使（けんずいし）　　男性

③

4　大化の改新　　飛鳥寺　　のちの天智天皇（てんちてんのう）

④

5　大化の改新　　政治家　　のちの藤原鎌足（ふじわらのかまたり）

⑤

6　仏教による平和　　大仏建立の命令　　正倉院

⑥

7　僧（そう）　　大仏建立に協力　　橋や道の建設

⑦

8　僧（そう）　　失明　　唐招提寺（とうしょうだいじ）

⑧

3つのヒントから、その人物の名前を漢字で書きましょう。

1 女性作家　　かな文字　　源氏物語
_{げんじ}

①

2 女性作家　　かな文字　　枕草子
_{まくらのそうし}

②

3 貴族　　望月の歌　　寝殿造
_{きぞく}　　　　　　　　_{しんでんづくり}

③

4 平治の乱　　厳島神社　　太政大臣
_{らん}　　　　_{いつくしま}

④

5 牛若丸　　弁慶　　壇ノ浦の戦い
_{わか}　　　_{べんけい}　　_{だんのうら}

⑤

6 鎌倉幕府　　征夷大将軍　　守護と地頭
_{かまくらばくふ}　　_{せいいたいしょうぐん}

⑥

7 源頼朝の妻　　尼将軍　　承久の乱
_{みなもとのよりとも}　　_{あましょうぐん}　　　_{らん}

⑦

8 執権　　元寇　　円覚寺
_{しっけん}　　_{げんこう}

⑧

3つのヒントから、その人物の名前を漢字で書きましょう。

1　花の御所　金閣　勘合貿易

①

2　芸術好きの将軍　銀閣　応仁の乱

②

3　ねずみ　水墨画　天橋立図

③

カタカナで書きましょう。

4　スペイン人　イエズス会（カトリック）　宣教師

④

5　鉄砲　天下布武　安土城

⑤

6　大坂城　天下統一　太閤検地

⑥

3つのヒントから、その人物の名前を漢字で書きましょう。

1　苦労人　　関ヶ原の合戦　　江戸幕府（え ど ばく ふ）

　　①

2　生まれながらの将軍（しょうぐん）　　参勤交代（さんきん）　　鎖国（さ こく）

　　②

3　キリシタン　　島原の乱（らん）　　美少年

　　③

カタカナで書きましょう。

4　蝦夷地（え ぞ ち）　　アイヌの指導者　　反乱（はんらん）

　　④

5　元禄文化（げんろく）　　人形浄瑠璃（じょうるり）　　脚本家（きゃくほん）

　　⑤

6　武士の子ども　　浮世絵（うきよ え）　　東海道五十三次

　　⑥

7　医者　　鈴（すず）　　国学（古事記研究）

　　⑦

8　蘭学事始（らんがく）　　ターヘル・アナトミア　　解体新書

　　⑧

9　50歳（さい）過ぎての勉強　　蝦夷地の測量（え ぞ ち）　　日本全図完成

　　⑨

カタカナで書きましょう。

10　黒船　　日米和親条約　　サスケハナ号

　　⑩

11　長州（山口県）　　松下村塾（じゅく）　　安政の大獄（たいごく）

　　⑪

12　長州　　奇兵隊（き へい）　　松下村塾塾生（じゅくじゅく）

　　⑫

13　土佐（高知県）（と さ）　　海援隊（かいえんたい）　　薩長同盟（さっちょうどうめい）

　　⑬

14　一橋家　　最後の将軍（しょうぐん）　　大政奉還（ほうかん）

　　⑭

15　蘭学（らんがく）　　咸臨丸（日本人初の太平洋横断）（かんりんまる）
　　江戸城無血開城（え ど じょう）（かいじょう）

　　⑮

27 明治時代の人物 6年

3つのヒントから、その人物の名前を漢字で書きましょう。

1	薩摩(さつま)（鹿児島県(かごしまけん)）	上野の銅像	西南戦争	①
2	薩摩(さつま)	明治政府の中心	遣欧使節団(けんおうしせつだん)	②
3	長州（山口県）	桂小五郎(かつらこごろう)	五か条の御誓文(ごせいもん)	③
4	学問のすすめ	慶応義塾(けいおうぎじゅく)	一万円札	④
5	肥前（佐賀県(さがけん)）	鉄道開設	早稲田(わせだ)大学	⑤
6	土佐(とさ)（高知県）	自由民権(みんけん)運動	自由党(じゆうとう)	⑥
7	長州	初代総理大臣	旧千円札	⑦
8	アメリカ留学	女子教育	新五千円札の顔	⑧
9	衆議院(しゅうぎいん)議員	足尾(あしお)銅山鉱毒事件	谷中村	⑨
10	海援隊(かいえんたい)	外務大臣	不平等条約改正	⑩
11	薩摩(さつま)	日本海海戦	戦艦三笠(みかさ)	⑪
12	外務大臣	ポーツマス条約	不平等条約改正	⑫
13	やけど	千円札	黄熱病	⑬
14	小説家	坊ちゃん	吾輩(わがはい)は猫(ねこ)である	⑭
15	女性小説家	たけくらべ	五千円札	⑮

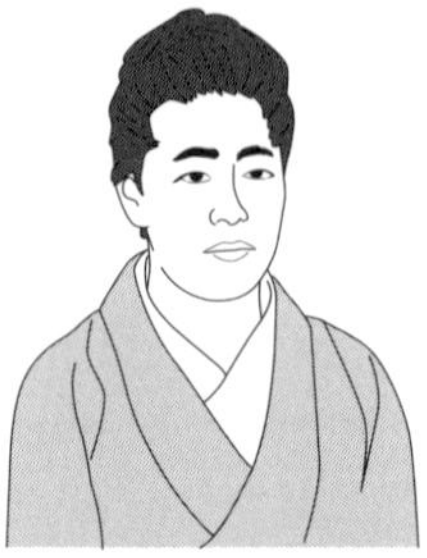

3つのヒントから、その人物の名前を漢字で書きましょう。

1　多くの会社設立　渋沢資料館　新一万円札の顔

①

2　ペスト菌　北里研究所設立　新千円札の顔

②

3　日露戦争　女性詩人　君死にたもうことなかれ

③

4　外交官　リトアニア　命のビザ

④

5　政治家　戦後復興　サンフランシスコ講和条約

⑤

6　物理学者　日本人初のノーベル賞　反核運動

⑥

7　漫画家　鉄腕アトム　作品は世界各国に輸出

⑦

カタカナで書きましょう。

8　元アメリカ大リーガー　外野手　日米通算最多安打

⑧

カタカナで書きましょう。

9　初の黒人アメリカ大統領　民主党　広島訪問

⑨

10　京都大学　iPS 細胞　ノーベル賞

⑩

1 どの地域が地図の中心にあるでしょう。

2 できるだけ多くの国名を書き(書き込めない場合は、位置の外に書きましょう)、国名と位置を覚えましょう。

1　どの地域が地図の中心にあるでしょう。

2　日本が極東（far east）の国と言われるのはなぜか、考えてみましょう。

3　できるだけ多くの国名を書き（書き込めない場合は、位置の外に書きましょう）、国名と位置を覚えましょう。

4　この地図はどのような国や地域で使われているでしょうか。考えてみましょう。

1　次の国の首都名を（　　　）に書きましょう。

　①大韓民国：（　　　　　　　　）

　②中華人民共和国：（　　　　　　　）

　③サウジアラビア：（　　　　　　　）

　④アメリカ合衆国：（　　　　　　　）

　⑤ブラジル：（　　　　　　）

　⑥イギリス：（　　　　　　）

　⑦フランス：（　　　　　　）

　⑧ドイツ：（　　　　　　　）

　⑨南アフリカ共和国：（　　　　　　　　）

　⑩オーストラリア：（　　　　　　　　）

2　1で書き込んだ首都名を覚えましょう。

3　（発展）できるだけ多くの国の首都名を地図に書き込んで覚えましょう。

1 新聞には世界の紛争についての記事があります。特に話題になる紛争が中東やアフリカで起きています。どのような紛争が、どこで起きているのか、調べて、下の地図に印をつけましょう。

2 それぞれの紛争について調べましょう。

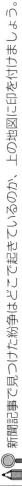

新聞記事で見つけた紛争はどこで起きているのか、上の地図に印を付けましょう。

117

> 世界には人々が共有し、未来に受け継いでいきたいものがあります。それを世界遺産といいます。国境を越え保護していきたい世界遺産は1121（2019年7月）もあります。世界遺産は文化遺産、自然遺産、複合遺産に分類されます。

1　日本以外の世界遺産を調べましょう。

自然遺産：（　　　　　　　　　）（　　　　　　　　　）（　　　　　　　　　）
文化遺産：（　　　　　　　　　）（　　　　　　　　　）（　　　　　　　　　）
複合遺産：（　　　　　　　　　　　）

2　日本の「原爆ドーム」やポーランドの「アウシュビッツ」は「負の遺産」（人類にとって忘れてはならない負の行為を象徴する遺産）です。なぜ「負」ととらえられているのでしょう。歴史から学びましょう。

3　見てみたい世界遺産の名前、場所を地図に書きましょう。

●国際連合（国連）の機関

国連には、6つの主要機関（総会・安全保障理事会・事務局・国際司法裁判所・信託統治理事会・経済社会理事会）があります。

1 次の（ ）にあてはまることばを書きましょう。

安全保障理事会（安保理）は、国連の中で、世界の（ ①）と（ ②）の維持のための機関です。安保理は、紛争が発生するたびに、対応を図っています。

安全保障理事会は15か国から構成されます。

・10か国は、すべての加盟国によって任期2年で選出される（ ③）です。

・5か国は（ ④）です。

常任理事国が1国でも反対すると、安保理は決定できません。これを（ ⑤）と言います。

2 常任理事国の5か国を挙げましょう。

（ ⑥）

3 その他、国連と関連して、専門機関と呼ばれる14の組織が存在しています。新聞やテレビなどで見たり、聞いたりしたことがあるものに、○をしましょう。

国連児童基金（UNICEF）、国連開発計画（UNDP）、国連難民高等弁務官事務所（UNHCR）など国連の計画や基金があり、開発、人道援助および人権のための活動を行っています

国際労働機関（ILO）　　　　　　　国際海事機関（IMO）
万国郵便連合（UPU）　　　　　　　世界銀行（WB）グループ
国連食糧農業機関（FAO）　　　　　国際通貨基金（IMF）
国際電気通信連合（ITU）　　　　　国際農業開発基金（IFAD）
国連教育科学文化機関（UNESCO）　国際民間航空機関（ICAO）
世界気象機関（WMO）　　　　　　　国連工業開発機関（UNIDO）
世界保健機関（WHO）　　　　　　　世界知的所有権機関（WIPO）

白地図４　世界の国々（2）日本はどこ？

VII

6年生で
身につける
活用

自由研究のヒント

研究テーマ　「日本の○○について」　　「世界の○○について」
テーマ例⇒①日本の歴史（原始．古代．中世．近世．近代．現代）
　　　　　②分野別の歴史（農業．戦争．宗教．人物．衣服．食べ物．住まい）
　　　　　③政治と経済（政治の仕組．憲法．地方自治．税金．金融機関．株式会社）
　　　　　④人権と福祉（いじめ．差別．人権思想．バリアフリー．ボランティア）
　　　　　⑤世界の国々（日本と関係が深い国．国際連合．国際組織．国際交流）

１．研究の目的（世界の国々を例にした場合）「コアラとパンダのお国自慢」
　・コアラとパンダを通して、オーストラリアと日本、中国と日本との結びつきを明らかにする。

２．研究内容
　①　両国の自然と産業
　②　両国の人々の生活
　③　両国と日本の貿易
　④　両国と日本との歴史的なつながり

３．研究方法
　①　本．ホームページ．新聞などで調べる。
　②　大使館．博物館で調べる。
　③　身近にオーストラリアや中国の方がいらしたら、インタビューする。
　④　旅行などで両国に行った人がいたら、インタビューする。

４．研究のポイント
　①　大使館の中には図書館がある。日本語で書かれた本も多いので利用できる。
　②　旅行会社の前にある観光パンフレットからは、いろいろな情報が入手できる。

【研究例】
研究テーマ（1）研究の目的（2）研究内容（3）研究方法（4）研究のポイント

1．お札人物事典
（1）戦後、お札に載ったまたは載っている人物の業績を明らかにし、それに関する事典を
　　つくる。
（2）聖徳太子、板垣退助、岩倉具視、伊藤博文、福沢諭吉、新渡戸稲造、夏目漱石、野口
　　英世、樋口一葉の業績。2024年から新しい紙幣に登場する、渋沢栄一、津田梅子、
　　北里柴三郎の業績。
（3）ホームページや本で調べる。
（4）自分の意見も付け加えるとよい。

2．歴史教科書における女性
（1）歴史教科書の中で、女性はどのように記述されているか明らかにする。
（2）①教科書に出てくる男性名と女性名　②教科書における女性の記述
（3）教科書の記述を調べる
（4）可能ならばいくつかの教科書で調べてみるとよい。

3．消費税を探る
（1）消費税の仕組みを明らかにして、その問題点について考える。
（2）①消費税が果たす役割　②消費税の集め方　③消費税の使い方　④消費税の問題点
　　⑤今後の消費税
（3）ホームページで調べたり、税務署で取材したりする。
（4）消費税をあげることや消費税がどのように使われるべきかについて考える。

4．アフリカ研究
（1）おそらく、日本の子どもたちが最も知らない地域のアフリカの生活や文化と抱える問
　　題について考える。
（2）①アフリカの子どもたちの生活　②アフリカの文化　③現在抱える問題
（3）本やホームページで調べたり、日本で生活している人や留学生などに取材したりする。
（4）かかえる問題については、ふだんからテレビや新聞の報道に関心を示すことが大切で
　　ある。SDGs（持続可能な開発目標）についても調べてみる。

フィールドワークのすすめ

●修学旅行でのフィールドワーク・・

　修学旅行でもフィールドワークのように見学をすると、学習が広がります。

　例えば、関西での修学旅行では、長きにわたり日本の都として、また文化の中心として栄えた関西で、「現在住んでいる日本をよりよく知る」ことをねらいとしたフィールドワークを実施できます。（近年はユネスコの世界文化遺産に指定され、世界の宝となりました。）

　修学旅行でのフィールドワークとするためには、次のようにしましょう。

① 各自がテーマを持ち、事前にパソコンを使い、インターネットなどで調べ、それをしおりにまとめる。
② 旅行中は、しおりを参考に、その日のことを記録する。
③ スケッチブックを活用して記録する。（スケッチ、メモ、スタンプなど）
④ 帰ったら事後のレポートにまとめる。

●おすすめの場所・・

〈1〉三内丸山遺跡

　〒038-0031　青森県青森市大字三内字丸山
　℡017-781-0456
　ホームページ「三内丸山遺跡」
　最大の縄文時代の遺跡で、巨大な丸太の建物の復元などが見られます。

〈2〉吉野ヶ里歴史公園

　〒842-0035　佐賀県神埼郡三田川町大字田手1843
　℡0952-55-9333
　ホームページ「吉野ヶ里歴史公園」
　弥生時代の遺跡で、物見やぐらなどが復元されています。

〈3〉静岡市立登呂博物館

　〒422-8033　静岡県静岡市登呂5丁目10-5
　℡054-285-0476
　ホームページ「登呂博物館」
　弥生時代の遺跡で、体験スペースと展示室があり、登呂遺跡公園には住居や倉庫が復元されています。

〈4〉 池上曽根弥生学習館

　〒595−0004　大阪府泉大津市千原町2−12−45

　℡0725−20−1841

　ホームページ「池上曽根弥生学習館」

　池上曽根史跡公園に隣接、ろう石を使った勾玉づくりなどが体験できます。府立弥生文化博物館も近くにあり、弥生時代の大環濠集落の跡をたどることができます。

〈5〉 国立歴史民族博物館

　〒285−8502　千葉県佐倉市城内町117

　℡043−486−0123

　ホームページ「国立歴史民族博物館」

　古代から現代までの日本の歴史や人々の生活などがわかります。

〈6〉 国立民族学博物館

　〒565−851　大阪府吹田市千里万博公園2−5−20

　℡06−6876−2151

　ホームページ「国立民族学博物館」

　世界の諸民族の文化や社会が地域ごとに展示されています。

〈7〉 江戸東京博物館

　〒130−0015　東京都墨田区横網1−4−1

　℡03−3626−9974

　ホームページ「江戸東京博物館」

　江戸の文化や生活を復元模型や映像で紹介しています。

〈8〉 北海道開拓記念館

　〒004−0006　北海道札幌市厚別区厚別町小野幌53−2

　℡011−898−0456

　ホームページ「北海道開拓記念館」

　北海道開拓の歴史を系統的に展示し、体験学習室もあります。

〈9〉 博物館明治村

　　〒484−0000　愛知県犬山市大字内山 1

　　℡0568−67−0314

　　ホームページ「博物館明治村」

　　明治時代の建物を移築し、生活や文化を紹介しています。

〈10〉 沖縄県平和祈念資料館

　　〒901−0333　沖縄県糸満市字摩文仁 614−1

　　℡098−997−3844

　　ホームページ「沖縄県平和祈念資料館」

　　太平洋戦争の歴史を伝えています。「戦場の住民」「証言の部屋」などで戦争を考えることができます。

〈11〉 広島平和記念資料館

　　〒730−0811　広島県広島市中区中島町 1−2

　　℡082−241−4004

　　ホームページ「広島平和記念資料館」

　　広島に投下された被爆の惨 状を伝える資料などが展示されています。

〈12〉 長崎原爆資料館

　　〒852−8117　長崎県長崎市平野 77−8

　　℡095−844−1231

　　ホームページ「長崎原爆資料館」

　　長崎に投下された被爆の惨 状を伝える資料などが展示されています。

〈13〉 JICA 地球ひろば

　　〒162−8433　東京都新宿区市谷本村町 10−5

　　℡03−3269−2911

　　ホームページ「JICA 地球ひろば」

　　月ごとにテーマが決められ、世界の現状を知ることができます。中のカフェでは世界各国の料理も食べられます。

〈14〉 **JICA 横浜**

〒231-0001　横浜市中区新港2-3-1

℡045-663-3251

月ごとにテーマが決められ、世界の現状を知ることができます。中のカフェでは世界各国の料理も食べられます。

〈15〉 **ユニセフハウス**

〒108-8607　東京都港区高輪4-6-12

℡03-5789-2014

ホームページ「ユニセフハウス」

世界各国でのユニセフの活動のようすや子どもの生活が分かります。

●**おすすめホームページ**‥‥‥‥‥‥‥‥‥‥‥‥‥‥‥‥‥‥‥‥‥‥‥‥‥‥‥‥‥‥‥‥‥‥‥‥‥

公益財団法人日本博物館協会

全国の博物館ランキングTOP10-じゃらんnet

全国の博物館人気ランキング観光・旅行ガイドーぐるなび

全国の博物館／科学館一覧-NAVITIME

「全国の博物館」で検索するといろいろなホームページに接続できます。

トピックス１　地理的環境と人々の生活

エベレスト山頂近くで5月22日に撮影された登山者の列（AP）

エベレスト山頂渋滞

待ち時間影響か　今季11人死亡

【ニューヨーク＝橋本潤也】世界最高峰のエベレスト（標高8848㍍）で命を落とす登山者が相次いでいる。天候が良い日に山頂を目指す登山者が集中し、登頂待ちの渋滞が発生したことが原因の一つとの指摘も出ている。欧米メディアは、登山者が山頂付近で長い行列を作る写真を大きく報じている。

米ＣＮＮテレビは28日、62歳の米国人男性がネパール側の山頂到達後、下山中に心臓の異常で死亡したと報じた。今シーズン、エベレスト登頂に関連する死者は11人にのぼるという。

専門家は、混雑の弊害として、登山者が酸素不足に陥る懸念を指摘している。登頂を待つ間に携行の酸素缶を消費しすぎて、下山中に酸素を切らしてしまうことがあるという。

ＡＦＰ通信によると、ネパール政府は今シーズン381人に登山許可証を発行した。手数料は1人1万1000㌦（約120万円）で、ネパール政府の収入源になっているという。米紙ニューヨーク・タイムズは「山頂は卓球台2台ほどの広さに15〜20人が詰め込まれた状態だった」と語る米国人登山者の声を紹介した。

『読売新聞』2019年5月29日夕刊より

記事を読んで、どのようなことを考えましたか。
エベレスト山頂とはどのような場所なのでしょうか。
世界の５つの大陸にはどのような山があるのでしょうか。

青銅リング　弥生時代の分銅？

滋賀・下鈎遺跡

弥生時代の集落跡である滋賀県栗東市の下鈎（しもまがり）遺跡で20年前にみつかり、用途不明として「銅環（どうかん）」と仮称されてきた青銅製のリング（2世紀後半）について、てんびんを使って重さを量る「環権（かんけん）」と呼ばれる分銅だった可能性の高いことが分かった。市教育委員会が23日発表した。

青銅製の環権は、中国大陸や朝鮮半島では墓の中に副葬されるケースがあるが、国内で確認されれば初めて。計量技術の歴史を探る上で重要な発見として注目される。

リングは直径12・7センチ、厚さ0・7センチ、重さ89・30グラム。市教委が19

99年に実施した発掘調査で、弥生時代後期の川底跡から土器片や銅鏃（矢尻）と一緒に出土した。昨年、福岡大学研究員だった輪内遼さん（現佐賀県嬉野（うれしの）市教委職員）が、下鈎遺跡出土のリングの重さについて、韓国南部の茶戸里（タホリ）1号墓（紀元前後ごろ）でみつかった、環権の可能性がある四つのリングの重さと比較しながら分析した。

大阪府立弥生文化博物館の中尾智行・総括学芸員（考古学）は「茶戸里遺跡と下鈎遺跡では前漢の銅鏡が出土し、中国との交流がうかがえる。環権もその交流の中でもたらされた可能性がある」と話す。

（筒井次郎）

上 下鈎遺跡から出土し、分銅の可能性が指摘されている青銅リング＝滋賀県栗東市 **下** 「環権」をのせたてんびんで重さを量る想像図＝栗東市教育委員会提供

『朝日新聞』2019年5月24日朝刊より

🔍✏️ 記事を読んで、どのようなことを考えましたか。
これから先どのような新しい歴史の発見があるでしょうか。
歴史に関する資料館や博物館を訪ねてみましょう。

受動喫煙 子供6万人死亡

WHO調査・5歳未満
きょう世界禁煙デー

【ジュネーブ共同】世界保健機関（WHO）は29日、受動喫煙が原因で死亡する人は年間100万人に上っており、5歳未満の子供も6万人以上が呼吸器感染症で犠牲になっていると発表し、各国に受動喫煙対策の強化を求めた。31日は世界禁煙デー。

WHOはたばこ規制枠組み条約に基づき、全ての建物内を完全禁煙とするよう勧告していることを勧告している。

WHO当局者は「取り組みが進んでいない国も多い。公衆衛生上の最優先課題としてほしい」と述べた。

WHOによると、世界で喫煙や受動喫煙による死者は年間少なくとも800万人に達し、40%以上が肺がんなど肺の疾患で亡くなっていると推定。2017年には150万人が慢性呼吸器系疾患、120万人が肺や気管などのがん、60万人が呼吸器系の感染症や結核で死亡したという。

日本では改正健康増進法により、学校や病院などが今年7月から屋内全面禁煙となるほか、飲食店なども20年4月以降、一部の例外を除き原則禁煙となる。

『毎日新聞』2019年5月31日朝刊より

✏️🔍 記事を読んで、どのようなことを考えましたか。
世界の子どもたちにはどのような問題があるのでしょうか。
世界の子どもたちの問題を解決するためにどのような活動があるのでしょうか。

. . . .

3年生で身につける基礎

1 方位
①西 ②東 ③南 ④南 ⑤西 ⑥東 ⑦東 ⑧北 ⑨西 ⑩西 ⑪北 ⑫東
⑬北西 ⑭北東 ⑮南西 ⑯南東 ⑰南西 ⑱西 ⑲南東 ⑳北西 ㉑東 ㉒北 ㉓北東

2 地図記号
①工場 ②ウ ③水田（田）（田んぼ） ④オ ⑤消防しょ ⑥ア
⑦ゆうびんきょく ⑧カ ⑨寺 ⑩キ ⑪警察しょ ⑫エ ⑬学校
⑭ク ⑮神社 ⑯イ ⑰港 ⑱コ ⑲図書館 ⑳ケ ㉑自然災害伝承碑 ㉒シ ㉓老人ホーム ㉔サ

5 スーパーマーケットにあるマーク
①（リサイクルできる）アルミニウムでできています、というマーク
②使い終わった紙をリサイクルして作った紙だけでできています、というマーク
③エコマーク。地球環境にやさしい製品です、というマーク
④ＳＧマーク。安全な道具ですよ、というマーク
⑤目の不自由な人のための犬をつれて入ってもいいです、というマーク
⑥車いすマーク。障がいのある人が使える施設ですよ、というマーク

6 火事からくらしを守る（1）
①消防司令室 ②消防署 ③警察 ④水道局 ⑤電力会社
⑥ガス会社

7 火事からくらしを守る（2）
①ク ②イ ③エ ④ア ⑤オ ⑥カ

8 交通事故からくらしを守る（1）
①ケ ②歩道橋 ③ア ④カーブミラー ⑤オ ⑥ガードレール ⑦ク
⑧一方通行 ⑨ウ ⑩駐車禁止 ⑪エ ⑫速度制限 ⑬キ ⑭スクールゾーン

9 交通事故からくらしを守る（2）
①110 ③〇 ④〇 ⑥〇

4年生で身につける基礎

5 都道府県のとくちょう（1）
①北海道 ②青森県 ③岩手県 ④宮城県 ⑤秋田県 ⑥山形県 ⑦福島県
⑧茨城県 ⑨栃木県 ⑩群馬県 ⑪埼玉県 ⑫千葉県 ⑬東京都 ⑭神奈川県
⑮新潟県 ⑯富山県 ⑰石川県 ⑱福井県 ⑲山梨県 ⑳長野県 ㉑岐阜県
㉒静岡県

6 都道府県のとくちょう（2）
①愛知県 ②三重県 ③滋賀県 ④京都府 ⑤大阪府 ⑥兵庫県 ⑦奈良県
⑧和歌山県 ⑨鳥取県 ⑩島根県 ⑪岡山県 ⑫広島県 ⑬山口県 ⑭徳島県
⑮香川県 ⑯愛媛県 ⑰高知県 ⑱福岡県 ⑲佐賀県 ⑳長崎県 ㉑熊本県
㉒大分県 ㉓宮崎県 ㉔鹿児島県 ㉕沖縄県

7 ごみをへらす
① 資源 ②ごみステーション（※） ③ごみしゅうしゅう車（※）※横浜市の例です。
④40 ⑤5 ⑥リサイクル ⑦スリーアール ⑧リデュース ⑨リユース

8　水はめぐる
①不足　②洪水　③電気　④ごみ　⑤消毒
⑥6　⑦水源　⑧緑　⑨再利用

10　自然災害からくらしを守る（2）風水害、土砂災害
①災害への心がまえを高める　②ひなんに備え行動をかくにんする　③高れい者らはひなん　④全員ひなん
⑤災害発生　命を守るための最ぜんの行動を

5年生で身につける基礎

2　緯度・経度
①南北　②赤道　③東西　④45度、148度　⑤20度、136度　⑥24度、153度　⑦24度、122度
・東京　北緯35°東経139°　・シドニー　南緯34°東経151°　　　・カイロ　北緯30°東経31°
・大阪　北緯34°東経135°　・マドリード　北緯41°西経5°
・ニューヨーク　北緯41°西経74°　・サンパウロ　南緯23°西経47°

3　国土の範囲　東西南北の端はどこ
①択捉　②南鳥　③沖ノ鳥　④与那国
⑤オホーツク　⑥太平　⑦日本　⑧本州　⑨九州

4　日本のまわりの国と地域
①ロシア連邦　②カナダ　③アメリカ合衆国　④朝鮮民主主義人民共和国（北朝鮮）　⑤大韓民国
⑥中華人民共和国　⑦台湾　⑧フィリピン　⑨インドネシア　⑩オーストラリア　⑪　ニュージーランド

5　日本の気候区分
①北海道　②日本海側　③内陸性　④太平洋側　⑤瀬戸内　⑥南西諸島
⑦ア　⑧ウ　⑨カ　⑩オ　⑪エ　⑫イ

6　日本の山地・山脈
①北見　②日高　③奥羽　④越後　⑤飛騨　⑥木曽　⑦赤石　⑧中国
⑨四国　⑩九州

7　日本の平野・川
①石狩　石狩　②十勝　十勝　③仙台　北上　④庄内　最上　⑤越後　信濃　⑥関東　利根
⑦濃尾　木曽・長良・揖斐　⑧大阪　淀　⑨徳島　吉野　⑩筑紫　筑後

10　稲作のさかんな地域
①北海道　②青森県　③岩手県　④宮城県　⑤秋田県　⑥山形県　⑦福島県　⑧茨城県　⑨栃木県　⑩新潟県
⑪石狩　⑫津軽　⑬秋田　⑭庄内　⑮越後　⑯仙台　⑰関東

11　様々な米の銘柄
①きらら397（ほしのゆめ）　②あきたこまち　③はえぬき　④コシヒカリ　⑤アケボノ　⑥元気ツクシ
⑦おいでまい　⑧きぬむすめ　⑨ひとめぼれ

12　日本の漁港と海流
①リマン海流　②千島海流（親潮）　③対馬海流　④日本海流（黒潮）
⑤稚内港　⑥境港　⑦松浦港　⑧枕崎港　⑨釧路港　⑩八戸港
⑪気仙沼港　⑫石巻港　⑬銚子港　⑭焼津港

13　日本の水産業をめぐって
①沿岸漁業　②沖合漁業　③遠洋漁業
④まきあみ漁　⑤底引きあみ漁　⑥定置あみ漁　⑦一本づり漁　⑧漁業水域
⑨200海里　⑩日本、アメリカ合衆国、カナダ、ロシア

14　捕る漁業から育てる漁業へ
①ほたて貝　②こい　③かき　④わかめ　⑤うなぎ　⑥のり　⑦真じゅ　⑧金魚　⑨真じゅ、ハマチ、タイ
⑩のり

15　工業の種類
①化学　②機械　③金属　④食料品　⑤せんい
⑥Ⓔ　⑦Ⓐ　⑧Ⓒ　⑨Ⓑ　⑩Ⓓ　⑪工業　⑫重化学　⑬軽　⑭よう業
⑮出版・印刷業

16　自動車ができるまで
①プレス　②ウ　③よう接　④エ　⑤とそう　⑥ア　⑦組み立て　⑧カ
⑨検査　⑩イ　⑪出荷　⑫オ　⑬キャリアカー　⑭船

17　組み立て工場と関連工場
①流れ　②分業　③関連　④ジャストインタイム　⑤300　⑥中小
⑦大　⑧関連

18　日本の交通網（1）
①東名　②東北　③関越　④中央　⑤名神　⑥中国　⑦九州

19　日本の交通網（2）
①北海道　②東北　③秋田　④山形　⑤上越　⑥北陸　⑦東海道
⑧山陽　⑨九州
⑩成田　⑪東京　⑫東京　⑬横浜　⑭中部　⑮関西　⑯名古屋　⑰神戸

20　日本の工業地域
①道央　②関東内陸　③北陸　④阪神　⑤瀬戸内
⑥北九州　⑦京葉　⑧京浜　⑨東海　⑩中京
⑪ウ　⑫ア　⑬イ

21　日本の貿易
①中国　②アメリカ合衆国　③韓国　④台湾　⑤オーストラリア
⑥石油　⑦原料　⑧工業製品　⑨魚介類　⑩輸出　⑪貿易摩擦

27　森林を育てる
①針葉　②広葉　③秋田すぎ　④木曽ひのき　⑤吉野すぎ　⑥青森ひば
⑦天竜すぎ　⑧尾鷲ひのき

28　四大公害病
①新潟水俣病　②イタイイタイ病　③水俣病　④四日市ぜんそく　⑤有機水銀
⑥亜硫酸ガス　⑦カドミウム　⑧有機水銀

6年生で身につける基礎

1　日本国憲法の三大原則
①選挙　②国民審査　③直接請求　④国民投票　⑤持たず　⑥作らず　⑦持ち込ませず　⑧自由　⑨平等　⑩社会
⑪参政　⑫裁判

2 税金の集め方・使われ方
①租税及び印紙収入 ②公債金収入 ③社会保障費 ④国債費
⑤地方交付税交付金 ⑥防衛費 ⑦文教及び科学振興費 ⑧公共事業費

3 国会のはたらき
①465（変わることがあります） ②4 ③あり ④245（変わることがあります。2022年7月以降は248人になります） ⑤6 ⑥なし ⑦本会議 ⑧本会議 ⑨法律 ⑩予算 ⑪内閣総理大臣

4 選挙のしくみ
①満18 ②満25 ③満30 ④満30 ⑤満25 ⑥満25
⑦満25 ⑧投票

5 内閣・裁判所のはたらきと三権分立
①国会議員（衆議院議員） ②国務大臣 ③予算案 ④法律案 ⑤条約 ⑥政令
⑦違憲立法審査権 ⑧三審制 ⑨ 市民（有権者）⑩エ ⑪ア ⑫キ ⑬オ ⑭カ ⑮イ ⑯ウ
⑯ク ⑰ケ

6 国民の祝日
①元日 ②成人の日 ③建国記念の日 ④天皇誕生日 ⑤春分の日 ⑥昭和の日 ⑦憲法記念日 ⑧みどりの日
⑨こどもの日 ⑩海の日 ⑪山の日 ⑫敬老の日 ⑬秋分の日 ⑭スポーツの日 ⑮文化の日 ⑯勤労感謝の日

7 日本の歴史遺産地図
①ス ②イ ③ア ④ソ ⑤ウ ⑥シ ⑦サ ⑧セ ⑨ク ⑩タ ⑪コ
⑫ケ ⑬キ ⑭カ ⑮オ ⑯エ

8 時代区分
①旧石器 ②縄文 ③弥生 ④古墳
⑤飛鳥 ⑥奈良 ⑦平安 ⑧鎌倉 ⑨室町 ⑩安土桃山 ⑪江戸
⑫明治 ⑬大正 ⑭昭和 ⑮平成 ⑯令和

10 縄文時代・弥生時代・古墳時代の年表
①縄文 ②シャカ ③大陸 ④弥生 ⑤キリスト教 ⑥鉄器 ⑦邪馬台国 ⑧卑弥呼 ⑨ヤマト政権 ⑩古墳
⑪仏教

11 飛鳥時代・奈良時代までの年表
①聖徳太子 ②冠位十二階 ③十七条の憲法 ④大化の改新 ⑤奈良（平城京） ⑥聖武天皇 ⑦鑑真

12 平安時代の年表
①平安京 ②真言宗 ③菅原道真 ④平将門 ⑤藤原道長 ⑥平等院鳳凰堂
⑦院政 ⑧平治 ⑨平清盛 ⑩平氏（平家）

13 鎌倉時代の年表
①源頼朝 ②運慶 ③承久 ④御成敗式目 ⑤文永の役 ⑥北条時宗 ⑦鎌倉幕府 ⑧建武の新政

14 室町・安土桃山時代の年表
①足利尊氏 ②金閣 ③応仁 ④足利義政 ⑤鉄砲 ⑥フランシスコ＝ザビエル ⑦織田信長 ⑧大阪城（大坂城）
⑨文禄の役 ⑩関ヶ原の戦い

15 江戸時代の年表（1）
①徳川家康 ②武家諸法度 ③出島 ④参勤交代 ⑤島原 ⑥三井高利 ⑦元禄文化

16　江戸時代の年表（２）
①享保の改革　②解体新書　③寛政の改革　④伊能忠敬　⑤大塩平八郎　⑥天保の改革　⑦化政文化　⑧ペリー
⑨日米和親条約　⑩大政奉還

17　明治時代の年表（１）
①五か条の御誓文　②版籍奉還　③廃藩置県　④アメリカやヨーロッパ　⑤富岡　⑥鉄道　⑦学校　⑧徴兵令
⑨西郷隆盛

18　明治時代の年表（２）
①ノルマントン　②大日本帝国憲法　③野口英世　④帝国議会　⑤治外法権
⑥日清　⑦日露　⑧与謝野晶子　⑨韓国併合　⑩関税自主権

19　大正時代の年表
①第一次世界大戦　②イギリス　③シベリア出兵　④米騒動　⑤政党内閣
⑥普通選挙運動　⑦国際連盟　⑧メーデー　⑨関東大震災　⑩普通選挙法
⑪治安維持法

20　昭和時代の年表（１）
①世界恐慌　②満州事変　③満州国　④５．１５　⑤国際連盟　⑥２．２６
⑦中国　⑧ドイツ・イタリア　⑨太平洋戦争　⑩広島　⑪長崎（⑩と⑪は逆でもよい）

21　昭和時代の年表（２）
①公布　②講和条約　③安全保障　④国際連合　⑤オリンピック、パラリンピック　⑥新幹線　⑦博覧会
⑧オリンピック　⑨平和友好

22　平成・令和時代の年表
①湾岸戦争　②Ｊリーグ　③関西国際空港　④阪神・淡路大震災　⑤サリン
⑥９．１１　⑦韓国　⑧トキ（キン）　⑨アメリカ合衆国
⑩新潟県　⑪民主党　⑫はやぶさ　⑬東日本　⑭自民党　⑮2020　⑯18
⑰ワールドカップ　⑱10　⑲オリンピック、パラリンピック

23　奈良時代までの人物
①卑弥呼　②聖徳太子　③小野妹子　④中大兄皇子　⑤中臣鎌足　⑥聖武天皇
⑦行基　⑧鑑真

24　平安・鎌倉時代の人物
①紫式部　②清少納言　③藤原道長　④平清盛　⑤源義経
⑥源頼朝　⑦北条政子　⑧北条時宗

25　室町・安土桃山時代の人物
①足利義満　②足利義政　③雪舟　④フランシスコ＝ザビエル　⑤織田信長
⑥豊臣秀吉

26　江戸時代の人物
①徳川家康　②徳川家光　③天草四郎　④シャクシャイン　⑤近松門左衛門
⑥歌川広重　⑦本居宣長　⑧杉田玄白　⑨伊能忠敬　⑩ペリー　⑪吉田松陰
⑫高杉晋作　⑬坂本竜馬　⑭徳川慶喜　⑮勝海舟

27　明治時代の人物
①西郷隆盛　②大久保利通　③木戸孝允　④福沢諭吉　⑤大隈重信
⑥板垣退助　⑦伊藤博文　⑧津田梅子　⑨田中正造　⑩陸奥宗光
⑪東郷平八郎　⑫小村寿太郎　⑬野口英世　⑭夏目漱石　⑮樋口一葉

28　大正・昭和・平成・令和時代の人物
①渋沢栄一　②北里柴三郎　③与謝野晶子　④杉原千畝　⑤吉田茂　⑥湯川秀樹　⑦手塚治虫　⑧イチロー
⑨バラク・オバマ　⑩山中伸弥

31　世界の国々の首都
①ソウル　②北京　③リヤド　④ワシントンD．C．　⑤ブラジリア　⑥ロンドン　⑦パリ　⑧ベルリン
⑨プレトリア　⑩キャンベラ

34　国際連合（国連）のしくみ
①安全　②平和（①と②は逆でもよい）　③非常任理事国　④常任理事国　⑤拒否権
⑥アメリカ合衆国　ロシア　イギリス　フランス　中国

これだけは身につけよう！　社会科の基礎・活用

2020（令和2）年3月10日　初版第1刷発行

●著者／私立小学校社会科研究会

●発行者／錦織圭之介

●発行所／株式会社東洋館出版社

　　　　〒113-0021　東京都文京区本駒込5-16-7

　　　　営業部 TEL：03-3823-9206　FAX：03-3823-9208

　　　　編集部 TEL：03-3823-9207　FAX：03-3823-9209

　　　　URL　http://www.toyokan.co.jp

　　　　振替　00180-7-96823

●印刷・製本／藤原印刷

ISBN978-4-491-04076-9　　　　Printed in Japan